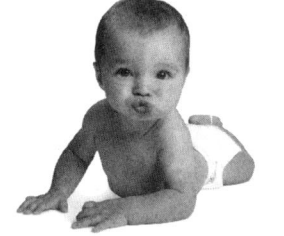

3岁决定孩子的一生 ①

蒙台梭利的早期教育智慧与方法

〔意〕玛利亚·蒙台梭利/著　云晓/编译

朝华出版社

图书在版编目(CIP)数据

蒙台梭利的早期教育智慧与方法 / (意) 蒙台梭利 (Montessori,M.) 著；云晓编译. —北京：朝华出版社，2014.1
(3 岁决定孩子的一生：启智珍藏版；1)
ISBN 978-7-5054-3632-9

Ⅰ.①蒙… Ⅱ.①蒙… ②云… Ⅲ.①婴幼儿-早期教育 Ⅳ.①G61

中国版本图书馆 CIP 数据核字（2013）第 315810 号

3 岁决定孩子的一生①（启智珍藏版）
蒙台梭利的早期教育智慧与方法

作　　者	〔意〕玛利亚·蒙台梭利
编　　译	云　晓
选题策划	王　磊
责任编辑	田玉晶
责任印制	张文东
封面设计	荆棘设计

出版发行	朝华出版社
社　　址	北京市西城区百万庄大街 24 号　　邮政编码　100037
订购电话	(010)68413840　68996050
传　　真	(010)88415258（发行部）
联系版权	j-yn@163.com
网　　址	www.blossompress.com.cn
印　　刷	三河市三佳印刷装订有限公司
经　　销	全国新华书店
开　　本	787mm×1092mm　1/16　　字　数　180 千字
印　　张	15.5
版　　次	2014 年 3 月第 1 版　2017 年 2 月第 2 次印刷
装　　别	平
书　　号	ISBN 978-7-5054-3632-9
定　　价	29.80 元

版权所有　翻印必究·印装有误　负责调换

为什么说"3岁决定孩子一生"?

古语云:玉不琢,不成器。

同理,子不教,不成材。

那作为父母,我们应该从什么时候开始教育孩子呢?

俄国著名生理学家巴甫洛夫说:"在孩子出生后的第三天开始教育,你就迟了两天。"

相信父母们都听过这样一句俗话:"3岁看大,7岁看老。"这句话并非空谈,科学研究显示,一个孩子在3岁之前(包括3岁左右)所受的教育,会影响到他未来的学习、事业、婚姻、家庭等方方面面,即3岁决定孩子的一生。因此,父母们只有把握好3岁——孩子教育的黄金期,才能把孩子培养成健康、优秀的人才。

● "3岁看大"的科学依据——3岁,决定孩子一生的性格

所谓"3岁看大",指的是从3岁孩子的心理特点、言行举止,就可以预测出他们成年后的性格。

3岁在孩子的一生中真的会起到如此重大的作用吗?

对此,伦敦精神病学研究所的卡斯比教授曾做了一项长达23

年的实验，实验结果有力地证明了"3岁看大"这一说法，并在当时的教育界引起了世界范围的轰动。

实验是这样的：1980年，卡斯比教授连同伦敦国王学院的精神病专家对1000名3岁幼儿的性格进行了分析，并将他们的性格总结为5种类型：充满自信型、良好适应型、沉默寡言型、自我约束型和坐立不安型。

2003年，当年那些3岁的孩子都已经26岁了，卡斯比教授再次找到他们，分别对他们的性格进行了观察分析，结果发现：

"充满自信型"——小时候他们活泼、热心，性格外向，成年后他们依然开朗，更难得的是，他们中的大多数还坚强、果断，成为了某个小群体的"领导人"。

"良好适应型"——小时候他们自信、自制力强，自己能够很好地解决问题，长大后，他们的性格依然如此。

"沉默寡言型"——当年他们或胆小，或害羞，或不善表达，成年后，他们仍然不愿向别人敞开心扉，他们或多或少在人际交往中存在一定的困难，轻易不敢尝试那些有挑战性的事情，属于地地道道的"默默无闻类"人群。

"坐立不安型"——这种类型的孩子注意力特别容易分散，而且行为消极，长大后，他们极易发火或烦躁。周围人对他们的评价多是：心胸狭窄、脾气暴躁、不好相处，做事易走极端。

"自我约束型"——这类孩子从小就能很好地控制自己的欲望，管住自己的行为，长大后依然如此。

3岁时的性格竟然与成年后的性格如此出人意料地一致，这一结果让卡斯比教授非常震惊，但与此同时，他也更加坚信了对"3岁看老"这一结论的认同。后来，卡斯比教授在他的研究报告中指出，别以为3岁之前的孩子小，什么都不懂，事实上，他们的大脑像海绵一样从周围环境中吸收着成长的营养。也就是说，3岁之前是孩子性格及能力培养的关键期，这一阶段的孩子处在什么样的成长环境中，接受什么样的教育，就会形成什么样的性格。周围人是暴躁的、愁眉苦脸的，他就会是抓狂的、悲观的；周围人是开心的、积极向上的，他就会是乐观的、进取的。

这就如同老卡尔·威特所打的一个比喻：**人如同瓷器一样，小时候就形成了他一生的雏形。幼儿时期所受的教育就好比制造瓷器的黏土，给予什么样的教育就会形成什么样的雏形。**

所以，父母一定要抓住孩子3岁之前这个关键期，给孩子一个好性格，给孩子一个好未来！

● 3岁前，孩子大脑潜能开发的关键期

在教育界存在着这样一个法则——"儿童潜能递减法则"，即：随着年龄的增长，儿童身上可供开发的潜能是呈递减趋势的。

针对这一法则，某教育学家曾举了这样一个例子：一个生来具备100度潜在能力的儿童，如果从他一出生就对他进行理想的教育，那么他就可能成为一个具备100度能力的成人。如果从2岁开始教育，即便教育得非常出色，那他也只能成为具备80度能力的成人。而如果从4岁开始教育的话，即使教育得再好，他也只能发挥出60度的能力。也就是说，教育开始得越晚，孩子的潜能开发就越不完善。

近期，脑科学和生命科学的最新研究又为这一法则提供了有力的证据。研究表明：3岁之前是一个人大脑发育的重要时期。一个人出生时脑重只有370克；第一年年末时，婴儿脑重就已经接近成人脑重的60%；第二年年末时，婴儿脑重约为出生时的3倍，约为成人脑重的75%；到3岁时，婴儿脑重已接近成人脑重的范围，以后发育速度就变慢了。

虽然大脑发育速度变慢并不意味着大脑发育完全停止，但3岁之后的孩童大脑就如同计算机一样——硬盘的容量以及格式几乎

已经定型,剩下的就只等待编程了。

所以,开发孩子的潜能一定要抓住3岁前(包括3岁左右)这个黄金关键期,越早开始,孩子的潜能开发就越充分。

那么,对于那些年龄尚小的幼儿,父母该如何开发他们的潜能呢?

其实,这一年龄段的孩子大脑潜能开发有一个非常重要的前提,那就是——必须处在充满安全感的成长环境之中。

举个简单的例子:有两个幼儿,一个终日生活在争吵、烦闷的成长环境中;一个则在开心、快乐的环境中生活。这两个孩子长大后,哪个智力更高?

当然是后者。

因为幼儿期的生活经历会极大地影响他们的大脑发育,即大脑神经细胞之间的联系。终日生活在争吵、紧张的环境中,孩子处理问题的能力就会变弱,而且不易控制自己的情感。而生活在开心、快乐环境中的孩子,他们更愿意与周围人交流,与人相处及处理问题的能力也相对较强一些。

● **3岁前,孩子一生不可错过的学习关键期**

相信父母们在生活中都有这样的经验:

因为从小没有学过音乐,很多孩子终其一生五音不全;

因为小时候没有学过舞蹈,孩子长大后再想学,却发现身体过分僵硬,进而失去了学舞蹈的资格;

因为从小没学过美术,很多孩子对美的事物欠缺深入的感受;

……

这是为什么呢?

因为这些孩子错过了人生最珍贵的学习关键期。上述事实告诉我们,如果错过学习能力发展的关键期,也许就会造成孩子一生都不能弥补的遗憾。

所谓"关键期",是指最易学会和掌握某种知识技能、行为动作的特定年龄时期。在教育界,也有专家把它称为"敏感期"。在关键期对孩子进行及时的教育,孩子学起来容易,学得也快,能够收到事半功倍的效果,但如果错过关键期再去学,就要花费很多的精力和时间,事倍功半。

意大利著名的女教育家蒙台梭利在长期与儿童的相处中,发现儿童学习的关键期主要集中于0~6岁这一年龄段,其中0~3岁这一年龄段最为集中。

◇ 出生后6个月是婴儿视觉、听觉发展的关键期,同时也是学习咀嚼和吃干食物的关键期;

◇ 1~2岁是肌肉协调能力发展以及学习走路的关键期;

◇ 2~3岁是数数能力以及建立数学思维的关键期;

◇ 2~3岁是学习语言的关键期,同时也是建立时间和空间感的关键期;

◇ 2.5~3.5岁是培养孩子规则意识的关键期;

◇ 3岁左右是培养孩子动手能力以及独立生活能力的关键期。

另外,在医学界有这样一种奇怪的现象:先天性白内障失明的患儿,如果超过5岁做手术,虽然可获得视力,却不会辨认东西。这是因为眼睛看到东西后,视觉信息虽进入大脑,但大脑已失去将信息变成图像的能力。

这个医学事实再次证明,0~3岁是孩子学习能力发展的关键期,在这一阶段,如果父母不及时开发或培养孩子的某项能力,孩子的潜能也许就会永远被埋没。

所以,父母在对孩子进行早期教育时,一定要抓住3岁前这个不可错过的学习关键期。

● 3岁前,孩子规则意识建立的关键期

有的孩子很小就懂得玩滑梯要排队,有的孩子却"唯我独

尊",事事都由着自己的性子来;

有的孩子动不动就用暴力解决问题,而有的孩子却明白用规矩和法律约束自己的行为;

有的孩子看到新款的玩具就向父母提要求,有的孩子却懂得:我已经有玩具了,不能再买了。

……

有些孩子严格按照规则做事,而有些孩子却总做些违反规则的事情,这是为什么呢?

研究表明,这与孩子从小建立的规则意识有关。

对此,卡斯比教授表示:在0~3岁,父母的期望、行为和一些生活标准会被孩子内化为自己的期望和规则系统。也就是说,此时父母是否有意识地向孩子灌输规则意识,将在很大程度上决定孩子一生对规则的认识。

对于孩子的一生来说,3岁的确是个特殊的阶段,此时他们的思维发展进入了巩固、稳定时期,他们开始懂事、听话了。但伴随着自我意识的觉醒,他们也开始进入了人生中的第一个"叛逆期",不停地说"不",不停地挑战父母的底线。而此时父母对孩子的态度,将会决定他成为什么样的人。

溺爱孩子、纵容孩子,孩子就会为所欲为,长大后就会成为一个藐视规则、无视法律的人!

坚持原则、引导孩子,孩子就会形成规则意识,长大后就会成为一个懂规则、有理智的人!

没有规矩不成方圆。没有原则、不遵守规则的人是不会有多大出息的。所以,从3岁左右起,父母就要开始培养孩子的规则意识了。

● 3岁前,孩子情商培养的奠基期

所谓情商,即情绪商数,包括自我认识、情绪管理、自我激励、了解他人和社会交往。在评价情商高低时，一般将其具体分为"自信心""爱心""独立性""竞争意识""乐观""诚实""交往合作""意志力""目标性"等9项。

科学研究表明：3岁前，是孩子大脑细胞最活跃的时期，也是孩子情感、情绪发育的关键时期。在这一时期，父母有意识地培养孩子的情商，不但有利于孩子形成完美的性格，而且也有助于为孩子未来的成功打下良好的基础。

现代心理学研究表明，一个人能否成功，80%在于情商，智商只占20%。

如果一个孩子从小性格孤僻、不易合作、自卑、脆弱、不能面对挫折、急躁、情绪不稳定，那么就算智商再高，他也很难取得成就；反之，情商高的孩子自信、积极、喜欢与人交往……这样的孩子无论走到哪里都是受欢迎的。

0～3岁是儿童性格、习惯、意志、品质形成和发展的第一关键期。把握好这段黄金时期，对孩子进行充分的情商教育，就能为孩子奠定积极健康的性格基础，从而达到事半功倍的效果！

美国心理学家曾对1500位2～3岁的孩子进行了长期的观察训练，对其中一部分孩子进行情商教育，而对另一部分孩子则任其自由发展。20年后，心理学家发现：凡是在3岁之前受过情商培养的孩子，在学习成绩、人际关系及未来工作表现和婚姻状况等方面，均优于未受过情商教育的孩子。

由此，心理学家得出这样一个结论：3岁前是孩子性格、习惯的萌芽期，同时也是对其进行情商教育的关键期。一个高情商的孩子一定是自信、乐观、不怕失败的，思维活跃并有创造力，具有获取成功和幸福的能力。而这些，才是真正能让孩子享用一生的财富！

综上所述，无论是从性格培养、大脑发育、智力开发、身心健康、情商培养，还是从习惯、品质的养成教育等方面来说，3岁都是孩子一生中的关键时期，所以，父母一定要抓住这一黄金时期，给予孩子科学、适当的教育。

而这也正是我们这套"3岁决定孩子的一生"丛书的写作原则和最终目的——为父母们提供最及时、最实用、最科学的早期教育指导！

本套丛书共分3册：

《3岁决定孩子的一生1（启智珍藏版）——蒙台梭利的早期教育智慧与方法》既阐述了蒙台梭利早期教育的理论，又详细地告诉父母们如何对孩子进行养成教育和潜能开发。

《3岁决定孩子的一生2（启智珍藏版）——卡尔·威特的天才教育智慧与方法》老卡尔·威特和小卡尔·威特都强烈认同，只要教育得当，再平凡的孩子也能变成天才。而本书就是详细地指导家长如何运用卡尔·威特的天才教育法。

《3岁决定孩子的一生3（启智珍藏版）——捕捉孩子的敏感期、关键期》人生不可能重新来过，孩子成长的敏感期一旦错过再也不会重来，本书将指导父母们在早期教育中发现并抓住孩子的敏感期，给孩子最及时、最科学的教育。

本套书以"3岁决定孩子的一生"为指导思想，其中既有系统的科学理论阐述，又有详细的、取之即用的操作方法，是父母们进行早期教育最贴心、最实用的参考书。

最后，祝愿天下父母都能培养出聪明、健康、高情商的好孩子！

云 晓

第一章 童年的秘密
——当孩子来到这个世界

1. 新生命是个完美的谜 / 3
2. 孩子最需要的环境 / 5
3. 孩子最佳的成长环境 / 7
4. 3岁左右,孩子是如何成长和学习的——有吸收力的心灵 / 10
5. 孩子早期的心理生活——精神胚胎 / 15

第二章 捕捉孩子的敏感期
——蒙台梭利的重要发现

1. 敏感期问题 / 21
2. 不要错误地对待敏感期的孩子 / 25
3. 敏感期的分析 / 27
4. 秩序的敏感期 / 30

- 5 儿童的内部秩序 /36
- 6 敏感期VS孩子的智力发展 /39
- 7 关注细小事物的敏感期 /42

第三章 孩子的成长蓝图
——智力及个性培养

- 1 儿童的语言发展（一） /49
- 2 儿童的语言发展（二） /53
- 3 智力与手 /57
- 4 智力与独立 /59
- 5 不干涉孩子的行为 /62
- 6 智力与走路 /64
- 7 3岁——神奇的新阶段 /67
- 8 3～6岁——学习语言的最佳时期 /70
- 9 让孩子的性格正常发展 /72
- 10 让孩子在错误中得以成长 /76
- 11 服从的三个阶段 /79
- 12 占有欲与破坏——伟大智慧的萌芽 /82

第四章 孩子成长的障碍
——成人不该阻碍的那些事儿

- 1 睡眠——满足孩子的需要 /87
- 2 行走——理解并配合孩子的行走方式 /90
- 3 手和脑——不说"不要碰" /95

- ④ 不要打断孩子有目的的活动 / 97
- ⑤ 不要替代孩子的行为 / 100
- ⑥ 不要把自己的意志强加给孩子 / 102
- ⑦ 接纳孩子的爱 / 104
- ⑧ 正确看待孩子的无理取闹 / 108
- ⑨ 不做虚伪的父母 / 111
- ⑩ 别把孩子当成"软蜡"随意捏 / 114
- ⑪ 孩子其实不累 / 117
- ⑫ 孩子也需要工作 / 121
- ⑬ 母爱是孩子成长的阳光 / 123

第五章 儿童的精神世界
——蒙台梭利对儿童精神世界的探索

- ① 重复练习 / 129
- ② 自由选择 / 132
- ③ 玩具 / 135
- ④ 安静练习 / 136
- ⑤ 精神的升华 / 139
- ⑥ 尊严感 / 140
- ⑦ 自发的纪律 / 143
- ⑧ 识字 / 145
- ⑨ 书写与阅读 / 147
- ⑩ 纪律与自由 / 151
- ⑪ 独立 / 154

⑫ 奖励和惩罚 / 156

⑬ 小小的总结 / 159

第六章 如何更好地教育
——蒙台梭利的方法

① 让孩子做他自己感兴趣的事 / 163

② 自然教育 / 166

③ 肌肉训练 / 170

④ 感觉训练 / 175

⑤ 感知觉训练 / 178

⑥ 味觉和嗅觉训练 / 180

⑦ 分辨声音训练 / 181

⑧ 听觉敏感度的测试 / 183

⑨ 触觉和重量训练——摸瞎游戏 / 188

⑩ 认识几何图形 / 190

⑪ 观察能力训练 / 191

⑫ 泥塑手工 / 193

⑬ 阅读 / 194

⑭ 阅读句子的游戏 / 196

⑮ 算术入门——数字教学 / 198

⑯ 给孩子感觉的自由 / 200

第七章 影响孩子成长的那些不健康心理

1. 怀疑癖——没有主见的孩子 / 205
2. 神游——思绪涣散、无法集中注意力的孩子 / 208
3. 依附——太过依赖成人的孩子 / 210
4. 占有欲——贪婪和自私的孩子 / 213
5. 自卑感——不够自信的孩子 / 215
6. 恐惧感——胆子小的孩子 / 219
7. 说谎——不诚实的孩子 / 221
8. 娇生惯养——富养的孩子 / 225

第一章

童年的秘密——当孩子来到这个世界

◆ 人的一生中,最痛苦、充满最剧烈的冲突和挣扎的时期,莫过于出生时。

◆ 当新生儿做出最困难的调整,从一种生存方式进入另一种生存方式时,大人们应当做些什么呢?

① 新生命是个完美的谜

虽然你已经为新生儿付出了很多,但仍然有更多的事情需要做。

✤✤✤✤✤✤✤✤✤✤✤✤✤✤✤

你是否知道,我们脆弱的婴儿在生命来临的那一刻,也承受着无法想象的痛苦和磨炼呢?

关于这一点,我们可以做一个这样的想象:

在婴儿来到这个世界之前,他所生存的环境——没有任何光亮、没有任何外界声响的温暖安静的母体,在这样的环境之下,他安然幸福地成长。但是,通过分娩,他被迫与母体分离,失去了母体的庇护,完全要靠自己尚未发育完全的器官来维持其脆弱的生命。

新的环境、新的生存方式,让这个忽然而至的小生命猝不及防,外界的一切对他来说,都充满了挑战,也充满了危险。

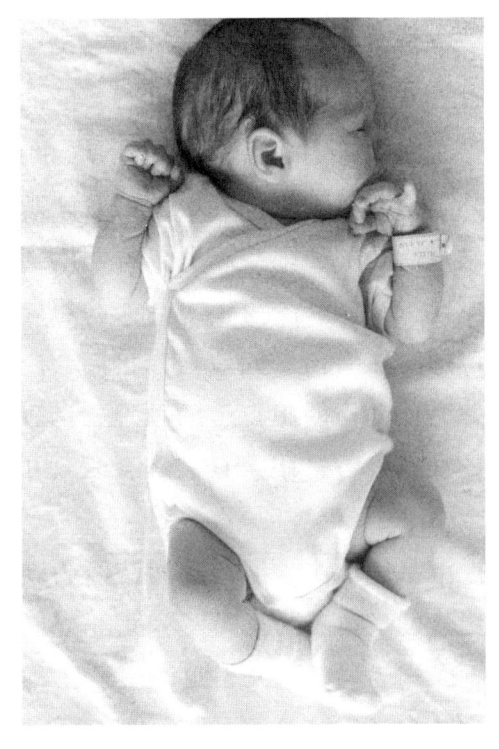

新生的宝宝需要最细致的呵护

而面对这一切，我们成人都为这个小生命做了些什么呢？

当医院安排分娩后的妈妈在房间里安静地放松休息时，你是否想过，也该让同样饱受了磨难的婴儿在轻松的环境里安静地休息，渐渐地适应周围全新的环境呢？可事实上，几乎没有人认为新生儿也经历了苦难，大多数人对待新生儿的态度和方式都存在着或多或少的误区。

比如，孩子出生之后，你立即给孩子穿上粗糙的衣服，将其紧紧包裹在襁褓之中，而忽视了孩子娇嫩的肌肤是那么的敏感，任何触摸都会让他生出异样的感觉；

比如，孩子习惯了黑暗的眼睛还不能很好地适应光亮，你却打开了灯；

比如，当你听到孩子的啼哭时只是无所谓地笑一笑，认为这只不过是他简单的表达方式……

有谁能体会到这个初来人世的孩子的情绪情感，有谁能细心地去呵护孩子的感受、关照孩子的点点滴滴呢？

一些成人对新生儿感觉迟钝乃至漠视，而一些动物妈妈产下幼崽后的举动则与此形成鲜明的对比：它们会把刚出生的孩子们紧紧护在自己的身体下，让幼崽避开外界的光线照射，同时用自己的身体给孩子们取暖；它们会随时保持着一种警惕的状态，防备其他动物侵犯自己的领地、伤害自己的孩子，甚至有人对它们的幼崽多看一眼，它们都会表现出敌视、愤怒，乃至对对方进行攻击……

必须承认，虽然我们已经为新生儿做了很多事情，但仍然有更多的事情需要我们去学习和改进方法。

因为科学研究表明，孩子在婴儿期的经历很可能会影响其一生的发展！

② 孩子最需要的环境

跟外界有形的东西相比,孩子更需要的是一种适合他成长的环境。

✣✣✣✣✣✣✣✣✣✣✣✣✣

孩子的成长需要一个适合他的环境。如果成人对此采取漠视的态度,很可能给孩子造成难以磨灭的影响——

我曾经看到一个新生儿被放进地上的一桶水中,差一点被淹死。当这个新生儿突然下沉时,他惊恐地张大了眼睛,伸出了小小的手臂和腿,呛水的感觉令他大吃一惊。这是他第一次经历恐惧。

想一想:当孩子的意识里留下了这样可怕的印记,当这种心理的阴影伴随着孩子成长的每一个点滴,这该是多么糟糕的一件

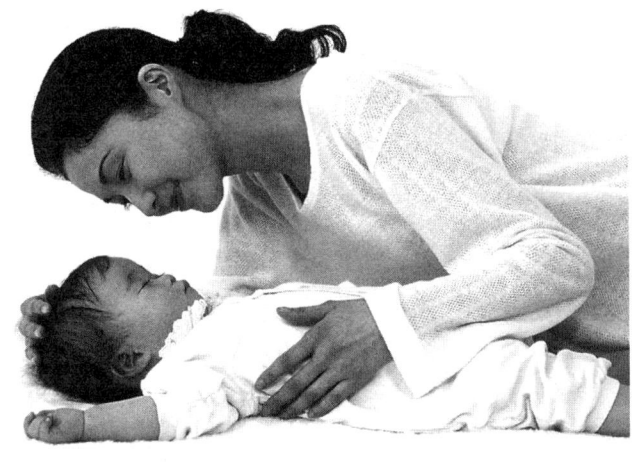

我们必须彻底地了解新生儿的特点,才能科学周到地照顾他

事情。

和成人相比较，孩子对环境的要求更为苛刻。

所以，我们必须彻底了解新生儿的特点，这样才能科学周到地去照顾他，才能让他在不断的环境转变过程中不致产生无意识的心理压力，进而健康、安全地跨出生命中的第一步。

当孩子顺利地脱离母体、诞生下来，很多人会忍不住松一口气，觉得孩子跟他的母亲一样已经摆脱了死亡的危险。于是，他们无意识中就会产生一种快乐和满足，在一定程度上开始放松，觉得危险都已经过去了，不需要那么操心了。

然而，事实并不是这样的。从孩子出生的那一刻起，从孩子降临这个崭新世界的那一刻起，我们就应该意识到，应该给他创造一个良好的环境，让他更加健康茁壮地成长。

对新生儿来说，这样的房间是最适宜的：听不到街道嘈杂声，平静而安宁，光亮和热度能够控制和调节。

对新生儿来说，穿着最好随意、舒适；而穿上用带花边的丝带装饰起来的漂亮衣服，反而会让孩子心神不安。

3 孩子最佳的成长环境

孩子跟成人一样，希望有自己的安排，希望有自己的生活状态。

✤✤✤✤✤✤✤✤✤✤✤✤✤✤

一提起孩子，很多人都会想当然地认为，孩子天性就是爱玩的。于是他们给孩子准备了各式各样的玩具，以为通过玩具就可以满足孩子的需求。

但实际上，成人们费尽心机为孩子准备的玩具，并不一定能吸引孩子的注意力。换言之，他们真正想要的东西，并不是玩具。

我们如果认真地观察孩子，就会发现这样一个现象：无论是贫穷家庭还是富裕家庭的孩子，都会对外部世界表现出浓浓的好奇心。比如，当他们的母亲洗衣、做饭时，他们可能非常想加入其中。在这些模仿中，孩子们学会了选择和参与，从而培养起自己的独立能力，开发出自己的潜能。

然而遗憾的是，环顾一下我们周围的生存环境，没有一样适合孩子的生活用品：没有合适孩子的沙发，没有适合孩子的浴盆，没有适合孩子的座椅……每一样东西对孩子而言都显得那么的巨大。成人只为自己准备了房间、衣柜，这完全是属于成人使用的东西，而孩子却并不能轻松自如地穿梭其间。

毫无疑问，这些都是成人对孩子心理需求的最大忽视。其根源在于很少有人认识到，孩子也是一个具备一定思维意识的生命个体。

孩子就像生长在巨人族中的小矮人，他们所能看到的只是各式各样的"腿儿"和各种各样的"槛儿"。他们想要跨过某道门槛时，却发现每道门槛都那么难以逾越，他们想爬过去，必须得借助成人的帮忙；他们想要洗澡，却发现澡盆是那么的大，让他们感到空空荡荡。

我们的孩子只能在充满庞然大物，甚至周围没有能触摸的东西的环境当中，痛苦地成长。

为孩子提供一个适宜的环境，孩子很快就能变得能力非凡

知道了这些，我们又该为孩子的成长做些什么呢？

看一看那些在幼儿园里玩得热火朝天的孩子，你或许就能得到某种启示。在幼儿园里孩子们为什么能玩得那么自然、那么开心？因为那里所有的东西都是为他们设计的，那里的成长环境、空间环境都是适合他们的。

不错，孩子来到这个世界上，不仅需要各种玩具，更需要一个适合他们身心发展、丰富多彩的成长环境。

孩子的内心深处具有一种强烈的自己做事的欲望，一旦找到适合的生活环境以及符合其心理需求的东西，他们立刻就会爆发出令人震惊的激情和活力来。

我们曾做过一个试验——为一个孩子提供适宜的环境，结果这个孩子很快就变得能力非凡：

他的房间布置得非常适合他本身的条件：扶手的大小恰好能为他的手所握住，使其能够轻松地打开房门；挂衣服的衣钩在他伸手就够得着的地方。

他在做事的时候，其动作是那样的轻松而又可爱，让人感到完全是一种享受，完全不像我们平时看到的一些孩子拿东西很费劲。

孩子需要的东西其实很简单：一个适合自己行动的环境，以及一些按比例缩小的日常生活用品，比如小凳子、小床，或者一只小罐子。这些微型产品会比你所提供给他的各式各样的玩具更有益于他的智力和能力开发。

在这样的环境中，孩子更容易变得独立；在他喜欢的环境里，他会获得更大满足，逐步适应生活，形成自己的性格特征。做父母的无须干涉，只要在一旁安静地充当一个观察者就好。

所以，我在这里建议家长：尽量为孩子创造一个适宜的环境（每样东西的大小都与孩子的能力相匹配），并让他轻松、快乐地生活其中。这不仅有助于发展孩子的能力，也会让他更加热爱周围的环境和生活。

因为，孩子跟成人一样，希望有自己的安排，希望有自己的生活状态。

4　3岁左右，孩子是如何成长和学习的
——有吸收力的心灵

孩子通过周围环境建立起精神世界，并用无意识的智慧学习和吸收外界知识的本能，我们称之为"有吸收力的心灵"。

✤✤✤✤✤✤✤✤✤✤✤✤✤✤

孩子的诞生是一个伟大的自然奇迹！

当一个新的生命降生时，它本身就蕴含着一种神秘的本能，这个本能将指导他活动，形成自己鲜明的特性，并促使他积极主动地去适应不断变化的外界环境。

就像我们在自然界中经常会看到的这样一些画面：

很多小动物的生存环境，不仅能给它们提供生存的保障，还对它们个性特征的形成提供了相应的刺激。比如，小羊总是很安静，小老虎总是很活跃，蚂蚁们总是忙忙碌碌，知了会没完没了地叫个不停……

很多小动物一生下来就形成了自己鲜明的特性，小孩子也一样

任何动物在世界中所处的位置，从它一出生就被确定了。每一种动物都有最适合它的生长环境，都有与众不同的成长、完善方式。

对于刚出生的孩子来说，同样如此，他们也有特别的心理规律。

关于这一点，我们从孩子的成长过程中可见一斑。孩子刚刚出生的时候什么都不知道，但是，一年之后，他什么都知道了。这一年当中，没有人特意去教他，也没有人特意给他指导。他所取得的进步，全是在一种自动自发吸收的状态中获得的。这就好比把一块海绵放在水里，不需要别人施加任何外力，海绵也会主动吸收水分。

当然，孩子的这个成长和学习的过程是漫长的。

猫在出生时就会"喵喵"叫，刚孵出的小鸟和刚出生的牛犊也会发出与它们的成年个体一样的声音。人类却不行，刚出生的孩子只能通过哭来表达自己的情绪，而后才渐渐地学会说话、走路，这是一个从无到有的奇妙之旅。

孩子的这个神奇的学习过程究竟是怎样的呢？让我们一同来探究一下。

孩子的大脑中有一种与我们成年人完全不同的力量，这种力量的创造性非常巨大，不仅能帮助他完成语言的创造，同时也能促进其发音器官的发育成长。

值得注意的是，这些伟大的工作并不是在孩子有意识的情况下完成的，而是源于其无意识地对外界环境知识的吸收。

这个吸收的过程，是如何开始的呢？

实践证明，吸收的过程是这样的——周围的事物引起了孩子的注意，唤醒了他的热情，使他产生了对事物的特殊敏感性。孩

子与周围环境的互动也就由此产生了。凭借着他对外界的感知天赋，他快速地吸收着外界环境中的知识。

一个无意识的头脑可以具有非常的智慧，这从孩子说话时发生的变化可见一斑。在他的周围有数千种声音，孩子却独独听取和学习人类的声音，这不就是最明显的例证吗？

关于这一点，我们不妨看一个比较通俗的例子：

当我们参加音乐会的时候，会场上充斥着各种乐器的声音，但我们的耳朵往往最容易被音乐的主旋律吸引。我们成人对音乐的这种反应，其实也很好地佐证了孩子为何能在无数的声音之中选择学习人类语言。

人类的语言留给孩子的印象是深刻的，并且会跟他的大脑产生强烈的情感共鸣，牵动他本体的神经，激发他的学习热情，促使其自动地发出声音。

孩子对语言声音的这种反应，显然要比成人对音乐的反应强烈得多。我们几乎看不到他们舌头蠕动，也看不到他们的脸颊和发声器官在动，他们却在每一个器官都静止的状态下，随时准备学习发声，无意识地发出咿咿呀呀的声音。

那么，这些没有任何意义的初始声音，又是如何被赋予一定含义和思想的呢？

让我们一起来回忆一下生活中这样一些画面：

当我们在孩子面前说话时，总会下意识地遵守着这样一个规律，那就是按照单词的顺序、句子和句子之间的不同结构，表达不同的意思。比如我们说："桌子上有一杯水。"那么，这句话就很好理解。如果我们说："有上桌子一杯水。"这句话的意思就很难理解了。

我们通过大脑学习知识，用单词排列组合的顺序来了解句子的意思，而具备无意识智慧的孩子，则通过心理能力直接对句子进行理解，对这种表达方式和词语排列直接进行吸收。

与成人不同的是，我们在学习的过程中仅仅是一个接受者，知识进入我们的大脑之后，我们只是单纯地把它储存起来，这些知识和我们之间并没有建立直接的联系。而对孩子而言，这些知识不仅仅是进入他们的大脑，而且能促进他们大脑机能的发育，促进大脑系统的形成。

孩子通过周围环境建立起精神世界，并用无意识的智慧学习和吸收外界知识的本能，我们称之为"有吸收力的心灵"。

除了表现在学习语言上，在动作学习上，孩子的这种"有吸收力的心灵"也发挥着重要的作用。

在动作学习上，孩子"有吸收力的心灵"也发挥着重要作用

新生婴儿要在襁褓中生活数月,但不久之后,他就能走动,能高兴地玩乐,做自己喜欢的事情了。他无忧无虑,一点点地学会动作:从蹒跚学步,到满地奔跑;从拿取什么东西都需要成人帮助,到自己能够双手捧起一件又一件东西,他的肢体动作变得越来越灵活。

当然,孩子对动作的学习并不是随意的,也有固定的规律。在开始学习动作之前,孩子就已经有了无意识的心理发展。

如果观察一个3岁的孩子,你就会发现,他总是在玩弄一些东西。其实,这就意味着,他对原本无意识的东西开始变得有意识起来。通过对这些东西不断地玩弄研究,他慢慢变得完全有意识了,并且会随着经验的积累不断完善自己的行动。

不仅如此,他还在以惊人的速度学会许多其他东西。他学习身边的每一件事情——习惯、传统、宗教,这些都将深深地印在他的大脑里。

孩子的学习能力是惊人的,他们几乎从降生之后就开始了这一神秘的过程。他会逐渐建立起自己的意识、思想,直到这些成为智力的一部分,并渐渐具备理解力和思考力。直到孩子6岁的时候,理解能力进一步增强,我们也就能对其实施正规的教育,使他学到更多、更有用的东西。

5 孩子早期的心理生活——精神胚胎

儿童时期学习吸收的东西会永久地成为他们个性的一部分，影响他们的心理和性格的形成。

❖❖❖❖❖❖❖❖❖❖❖❖❖❖

如果仔细观察，我们可以发现这样一种现象：孩子不仅具备极强的学习能力，还具备对周围环境超强的感知能力。

就像我们在前面提到的一个例子：孩子对语言的学习。通常情况下，孩子不是"记住"了语言如何发音，而是直接形成发音的能力，并学会了使用语言。他可能从来没有刻意对语言进行过记忆，语言却已经成为了他本身的一部分。

和成人比起来，孩子具有完全不同于成年人的学习方式。成年人可以记住环境中的东西并加以思考，而孩子则是对环境进行吸收，这些事物不仅以直观的方式进入孩子的大脑，还会成为孩子心灵的一部分。

我们甚至可以这样说：孩子会根据自己的所见所闻进行自我塑造。换句话说，周围的环境深深影响着婴儿早期的心理和性格形成。

在对孩子这种主动奇妙的学习能力进行研究的过程中，我有这样一个发现：人类似乎有两个胚胎时期。一个是在出生前，这是所有动物都具有的。另一个是在出生后，这一时期是人类所特有的，并使得人类与动物有了很大的区别。

这，就是人类特有的第二个胚胎——精神胚胎。

儿童生命的第一阶段是一个适应的阶段。当然,孩子的"适应"有别于成年人的适应。对孩子来说,他们对生养自己的土地非常喜爱,对自己生长的环境有独特的感知,不管那里的生活环境多么艰难,他们都会感觉到从其他地方无法找到的快乐。

很久以前,在意大利农村出生的人可能一辈子也没有出过远门。意大利形成国家之后,很多人因为工作、结婚等原因离开了他们的出生地。但他们在晚年经常会得一些怪病:面色苍白、压抑、虚弱、贫血等。许多治疗都不奏效,最后医生建议他们回到出生地呼吸一下新鲜空气。这一建议效果非常好,许多人按照医生的建议做了之后,都恢复了健康。

很多人都说,家乡的空气是最好的治疗药方,虽然他们家乡的气候可能并不是那么好。但是,这些病人真正需要的,恰恰是从他们儿童时期就已经在潜意识里适应的出生地的气氛。

婴儿时期形成的东西是无法完全剔除的,孩子生来所具备的一种"记忆基质"不但创造了他们的特性,而且还会让这些特性在他们体内具有持久的生命力。儿童时期学习吸收的东西会永久地成为他们个性的一部分,影响他们的心理和性格的形成。甚至到了成年后,这些东西还会在他们身上留下永久的烙印。

那么,这种促使孩子形成早期心理活动的特殊基质,又是从什么时候开始出现的呢?

我们都知道,一个只有7个月大的早产婴儿可以健康地存活下来,这说明他在7个月的时候就已经具备一定的心理活动了。所有的生命都具有一定的心理,每种生物都具有一定的心理力量和某种特定的心理。观察自然界一些小动物,我们就会发现,就算是一些低等的生物,它们的天性里同样具有感知能力,会远离危险和寻找食物。

作为高等生物的人类更是如此。婴儿来到这个陌生的世界，母体外的环境跟母体内的生活环境完全不同。最初，婴儿必然会有一些恐惧的表现。比如说，当我们将婴儿放在水里洗澡，他会无意识地做出"抓"的动作，好像害怕自己被淹；又比如，当我们将婴儿独自放在某个房间里，他会表现出不安、吵闹。

这是儿童对外界环境恐惧的典型反应，也是婴儿心理活动最明显的例子。

对待婴儿的这些原始反应，我们成人又是怎么做的呢？

母亲会本能地将婴儿抱到自己的胸口，以防止他受到阳光的直射；母亲紧紧抱住婴儿，让他感觉温暖和安全，不让他受到伤害；大人们会为婴儿安排没有任何潜在危险的生活环境，让其能够轻松快乐地成长。

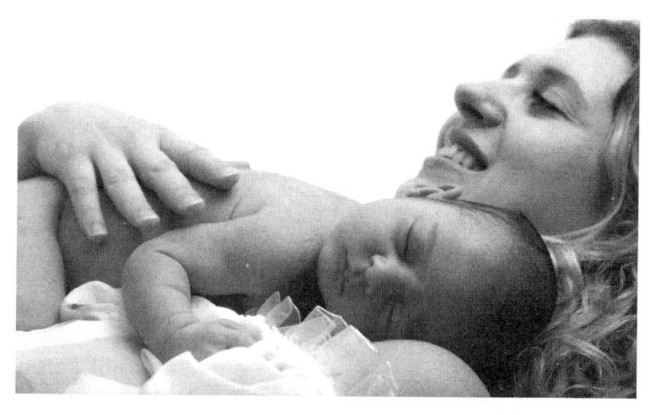

母亲的拥抱，会让孩子感觉温暖与安全

无论你是否意识到，在照顾孩子的过程中，我们已经承认了出生不久的婴儿具有特定的心理活动。

第二章

捕捉孩子的敏感期——蒙台梭利的重要发现

◆ 在孩子的心灵中，有某些部分总是未知的，但又是我们必须了解的。我们必须满怀激情地探究，就像那些淘金者远涉异域、翻山越岭去寻找隐藏的黄金一样。

① 敏感期问题

人们对儿童心理上的创伤仍然知之甚少，而这些伤痕大多数是由成人无意识地烙上去的。

✤✤✤✤✤✤✤✤✤✤✤✤✤

作为一个独立的个体来到这个世界，孩子在起初的时候对这个世界是一无所知的，可是随着慢慢长大，他渐渐学会了说话，也渐渐学会了走路和更多其他的动作。并没有谁特意地去教他这些，他是如何做到的呢？

让我们一起来看看自然界中的一些例子吧！或许，从这些例子中，我们就能找到答案！

当蝴蝶还在幼虫阶段的时候，它常常以吞噬叶子为食。在幼虫诞生的最初几天里，它还不能吞噬大片的叶子，只能进食树枝尖端的嫩芽。聪明的雌蝴蝶便将虫卵产在树枝交接的地方，那里既安全又隐蔽。当这些幼虫钻出外壳时，是什么东西告诉幼虫它们所需要的嫩芽就在它们上面的树梢上呢？

对光线的敏感！新生的幼虫各个器官的能力虽然还很弱，但却具备对光、热等外界物质的感知能力。靠着本身对光与热的感知，它们爬到树枝上最亮的地方，去寻找适合自己的食物，以满足自己贪婪的食欲。

荷兰科学家德弗里斯将昆虫身上这种对外界环境自动自发的感知，称为敏感期。让人感到神奇的是，一旦幼虫长大到能吃较粗的食物时，它的敏感期也就过去了。也就是说，它失去了对光

的敏感性,不再特别被光线吸引。当然,这并不是说它变成了瞎子,而只表明,它在某一阶段对光的特殊感知消失了。幼虫会进入下一个成长阶段——沿着不同的道路寻找其他的经验和其他生活手段。

对这一点,蜜蜂们挑选蜂王的过程再次给我们提供了佐证。

我们都知道,蜜蜂幼虫都要经过一个阶段,在这个阶段中所有的雌幼虫都可能成为蜂王。不过,蜂群只会选择一只雌幼虫作为蜂王。被工蜂选中的蜂王将享受到一种为她特别准备的"蜜蜂食料"。吃了这种美味的食物之后,这个被选中的雌幼虫就会成长为蜜蜂群体的蜂王。不知道你注意到没有,蜂王被选定的阶段必须是在她的幼虫时期,并且,她还必须具备贪吃的敏感性,才有可能被选中。如果错过了这个敏感期,她就不再具备贪婪的食欲,她的身体也就不可能发展成为一只蜂王。

动物界中的这些例子,让我们意识到每个生命在成长的过程中都存在着发展的关键因素。孩子自然也不会例外。相对于自然界这些小动物,孩子天生具有一种生机勃勃的敏感性,在这种敏感性的刺激下,孩子常常会做出许多让大人们吃惊的举动。

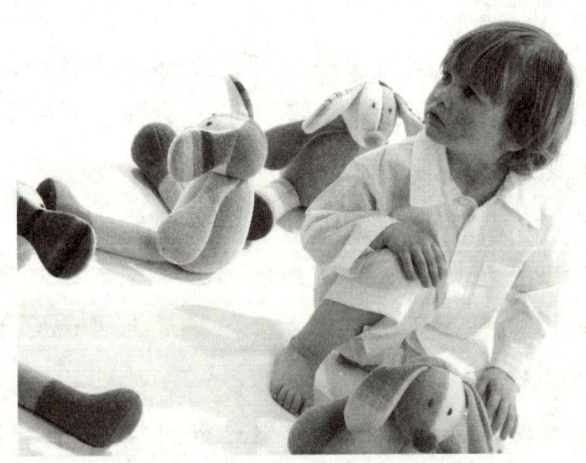

在追求完美的敏感期,孩子会要求与他们相关的一切事情都是完美的

例如，孩子之所以不肯吃那些带有伤疤的水果，是因为他们进入了追求完美的敏感期。在这一敏感期，孩子要求与他们相关的一切事情都是完美的，一切有瑕疵的物品都会遭到他们的拒绝。再比如，孩子喜欢上下楼梯、喜欢垒高，是因为他们进入了空间的敏感期。在这一时期，他们对一切带"坡"的事物都十分着迷……

这些，都是孩子成长的秘密。

回忆孩子成长的每个点滴，我们可以发现，在心理的发展期间，每个孩子都曾经表现出惊人的敏感性。只是由于我们平时见怪不怪、熟视无睹，成为麻木的观众，才忽视了孩子在敏感期的特点，从而错过了对孩子在敏感期的引导。

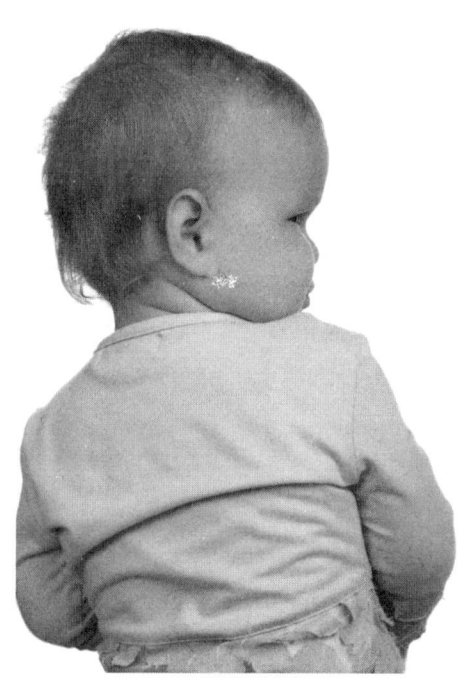

有些孩子表现得孤僻、自闭，这与人们对儿童敏感期关注不够有很大关系

然而，大多时候，孩子都是在敏感期学会自我调节和掌握某些东西的。孩子在这一时期会尝试去学习和掌握一些东西，他像被点燃了激情之火，对外界事物充满敏感和探究的动力。正是这种敏感性，使孩子强烈地渴望接触外部世界，强烈地渴望新的刺激和知识。在这一时期，他们特别容易学会每件事情，也总是充满活力和激情。每一个成就都表明他们的力量在增强，只有达到既定的目标之后，他们才会失去兴趣。

当然，在儿童时期孩子这种敏感期并不会间断。当一种精神的激

情耗竭之后，另一种激情又会被激起。在一种稳定的节律中，孩子从一种征服到另一种征服，由此得到了欢乐和幸福。正是在这种心灵纯洁的火焰中，他们的精神世界创造性地达到完美。

这也是儿童心理和成人心理的基本区别。孩子有一种成人无法想象的特殊内在活力，它能促使孩子以惊人的方式自然地征服对象，进而完成既定目标。

同时，我们还要注意这样一点：如果孩子在敏感期遇到障碍而不能很好地达到自己的目标，他的心理就会紊乱，甚至变得乖戾。像有些孩子表现得孤僻、自闭，就跟人们对儿童敏感期的关注程度不够有很大关系。

人们对儿童心理造成了许多创伤，而这些创伤大部分是由成人无意识地烙上去的。

② 不要错误地对待敏感期的孩子

我们必须寻找孩子每种任性背后的原因。一旦找到这些原因,我们就能深入到孩子心灵的神秘幽深处。

✤✤✤✤✤✤✤✤✤✤✤✤✤

如果敏感期富有生气的活动遭到外界阻碍,不能达到自己的目的,孩子就会有这样那样的情感反应。

比如说,孩子对某个玩具产生好奇,而成人却拒绝给予他玩耍时,他就可能表现出"任性"或者"发脾气"的行为;

比如说,某件事情给孩子造成了较大的刺激,而成人却不能及时了解和抚慰孩子的心情,孩子就可能变得胆小、内向甚至自闭。

遗憾的是,现实生活中很多成人都会犯这样的错误。当敏感期的孩子出现强烈的情绪反应时,我们只是简单地想让他平静下来,而对他所表示出的反抗不加揣测,对孩子表现出的各种不符合成人意愿的行为,都打上"任性""耍赖""不听话""胡思乱想"等标签。

然而,成人在这样做的时候,却忽视了这样一点:一旦出现这些负面的情绪反应,孩子今后的情况就可能更加恶化,这种负面的情绪会对孩子的后继行为产生持续的影响,严重者可能影响孩子的一生。

正因如此,作为成人,当敏感期的孩子身上出现一些负面的情绪反应时,我们不该简单粗暴地对孩子进行呵斥指责或者给孩

子打上这样那样的主观主义烙印,而要了解孩子的内心,尊重敏感期孩子的意愿及其成长规律。

拿我们生活中最常见的一个例子来说:孩子哭闹。

当孩子正满怀热情打算做一件事情的时候,由于还不能很好地表达自己的意愿和想法,受到父母的干扰和阻碍,他们往往会以哭喊或愤怒来表达自己的不满情绪。而父母一般都不知道真正原因,误认为这是孩子在无理取闹,因而归罪于孩子还不懂事或太任性。

其实,孩子的哭闹背后都隐藏着一个不为成人所知的真正原因——他们渴望成人能给予理解和配合。孩子发脾气的主要原因是他们在这期间的需求没有得到满足。所以,只要成人能够理解他们内心的需要、满足他们创造的需求,他们自然会平静下来。

孩子哭闹的背后都隐藏着一个不为成人所知的真正原因

因此,我们必须寻找孩子每种任性背后的原因。一旦找到这些原因,我们就能深入到孩子心灵的神秘幽深处,并为我们理解孩子以及跟孩子和谐相处打下基础。

3 敏感期的分析

"不要让你的右手知道，你的左手在帮它。"父母应该准确理解孩子内心的变化，而且要在不动声色中给予孩子想要的东西。

✣✣✣✣✣✣✣✣✣✣✣✣✣✣

儿童自身不同的内在敏感性，可以使他能够从复杂的环境中选择出对自己生长最适宜、最有利的东西。孩子身上的某种特殊敏感性一旦被激起，就会像一道光线照到了某些物体上，而不是照在其他物体上，而被照到的物体就成为了他关注的全部。

例如，在孩子学习说话这方面就可以看出这一点：

在孩子刚开始学习说话时，每天总会有不同的声音传入他的耳朵，对这样嘈杂的环境孩子似乎更容易头昏脑涨才对，可事实恰恰相反，他们总能准确地捕捉到自己需要的声音。这其中原因何在呢？那就是孩子本身具备一种内在的敏感性。

由于这种特殊的敏感性，他们能在众多声音里选中自己特别感兴趣的信息，并加以吸取。对还不具有说话能力的孩子而言，这些声音也许就像外星人的古怪语言一样，他们并不能理解，然而他们依然听得兴致盎然，将它们当成最悦耳的音乐来欣赏。

在这种"音乐"的刺激下，孩子的神经纤维被激发起来，随着这种"音乐"的节奏律动，在一种指令下改变它们的振动方式。这也标志着精神胚胎生命的新时期开始了。

这样经过一段时间，我们再观察孩子，就会发现，他已经能够分辨出不同的声音，而且他的舌头开始了一种新的活动。而在

这之前,他的舌头仅仅用来吮吸。现在,在某种不可抑制的冲动的驱使下,他伸缩着舌头,并感知自己的喉咙、脸颊和嘴唇。

当他再听到身边有人说话的时候,他会屈起四肢,握起拳头,抬起头转向说话的人,眼神之中带着惊喜和满足,目光紧紧盯着说话人的嘴唇,甚至还会发出咿咿呀呀的声音。

正处于敏感期的孩子,具备一种神奇的力量,他们无时无刻不处于成长和创作之中。他们的内心正紧锣密鼓地吸收和整合从外界所能吸收的一切信息。虽然父母对他们的这一现象并无察觉,但在孩子的心灵深处,这种力量正在不断地生长,乃至充满孩子的整个生命。

只要外界的环境能够充分满足孩子的内在需要,所有的这一切都会悄悄发生,丝毫不会

处于敏感期的孩子具备一种神奇的力量

引起人们的注意。比如,孩子在不知不觉间掌握了说话的技能;比如,他们用微笑表达自己的快乐。

上面我们所说到的这些,就是孩子具有创造的敏感性的正面佐证。除此之外,孩子在敏感期还会有一些反面的表现。比如,正像我们在前面提到的,当外界的某些障碍阻碍了他的行为,孩子

就会通过激烈的反应表现出来。我们经常把儿童这种表现称为"发脾气"。但实际上，它表达了孩子因心理失调或某种需求未得到满足而在心理上产生的紧张状态。

如果把孩子比作一架运转正常的机器，那么发脾气就代表这架机器出现了故障或者失灵，这对孩子成长而言绝对不是什么好事。孩子第一次发脾气也就是他心灵的第一次发病。

成人如果忽视孩子敏感期的心理、行为，就会让孩子的精神生活处于持续的危险之中。比如，孩子心理出现这样那样的问题——自闭、自卑、乖张等；比如，孩子性格上出现这样那样的缺陷——骄傲、易怒、暴躁等。

所以，我们应该尽快改变这种情况，从最初的时刻开始，就注意呵护孩子在敏感期的心理健康。

正如《圣经》中的博爱箴言一样："不要让你的右手知道，你的左手在帮它。"父母应该准确理解孩子内心的变化，在不动声色中给予孩子想要的东西，而不要认为他在任性或者胡闹。

在敏感期，孩子的内心时刻都在发生奇迹。我们应谨记，对孩子最初的教育，如果有毫厘之差，就有可能导致将来谬以千里。

④ 秩序的敏感期

秩序的敏感期在孩子出生后的第一年就出现了,并一直持续到第二年。

✦✦✦✦✦✦✦✦✦✦✦✦✦✦

孩子的心理世界是神秘莫测的。在很多情况下,孩子会出人意料地哭泣,大人们的安抚对他们也无济于事。这究竟是什么原因呢?其实,在大多数情况下,孩子发现原有的秩序感遭到了破坏,于是会觉得身心不舒服,从而开始哭闹。

秩序的敏感期在孩子出生后的第一年就出现了,并一直持续到第二年。

孩子对秩序的敏感,在他出生后的第一个月里就显现出来。孩子看到一些东西置于恰当的地方会显露出高兴和激情,反之,则可能会表现得不安或者哭闹。从中,我们可以看出孩子对秩序的敏感性。

我们可以举一个这样的例子:

这是一个出生大约6个月的小女孩。一天,一位妇女和她的妈妈一起进了她的房间,同时这位妇女把她的遮阳伞放在了桌子上。于是,小女孩变得不安起来,并不是因为这位妇女,而是因为那把伞,因为小女孩看了那把伞很长时间才开始哭泣起来。这位妇女以为她想要那把伞,就拿起它并微笑着送到她面前。但是小女孩推开它,继续尖叫。这位妇女尽力安抚她,却毫无用处。她只是变得更加焦躁。

怎样才能平息这个小女孩的脾气呢？她的母亲想了想，从桌子上拿起那把伞，并把它放到另一间房去。小女孩立即安静下来了。

原来，使她不安的原因是伞放在了桌子上。一件东西放错了地方，就严重地打乱了这个小孩关于一些东西应该如何安放的记忆模式。

另一个例子是有关一个稍大一点的孩子：

一次，我和一群旅行者一起穿过那不勒斯的新洞隧道，其中一位年轻的妇女领着一个大约1岁半的孩子，这小孩太小了，以致不能步行走完这段颇长的旅程。

隔了一段时间，这小孩累了，他母亲把他抱在手上，但她错误地估计了自己的力量。劳累使得这位母亲热起来，她停下来，脱掉外套并把它搭在手臂上，再次抱起了小孩。但意外的是，孩子开始哭闹起来，而且哭声越来越大。他的母亲想方设法让他平静下来，但全然无效。她显然累垮了，变得不安起来。这群旅行者中的其他人也有些忧虑，很自然地给她一些帮助。于是，这个小孩被从一只手臂换到另一只手臂，但他变得更不适。人们对这小孩说尽称赞和夸奖的话，但这些使情况变得更糟。很明显，这小孩的母亲不得不把他带回去。但到了这时候，他已经变得十分狂暴，似乎到了绝望的境地。

我相信这种反应属于儿童的内在敏感性，于是决定去尝试一下。我走到这个小孩的母亲面前，对她说："我帮你穿上外套，好吗？"她惊讶地看着我，因为她仍然很热；虽然她有些不明所以，但仍然听从了我的要求，于是我帮她穿好了外套。小孩立即平静下来。

他的眼泪和不安消失了，他不断地说："衣服……肩膀……"

这表示"你的衣服在你的身上了"。是的,母亲应该把衣服穿在身上。这似乎意味着"你终于理解我了"。他笑着向他母亲伸出了手臂。我们顺利地穿过隧道,结束了这次旅行。衣服是用来穿在身上的,而不应该像一块破布一样搭在手臂上。这个小孩在他母亲身上看到的这种无秩序之举,就是这恼人冲突产生的原因。

孩子对秩序敏感的强烈性,真是让我们惊叹不已。生活当中,当一件东西摆错了位置,最先发现的就是孩子。他们总是会注意到一些细节,把东西放在应该放的位置上。例如,将放在脸盆架的肥皂放回原来的肥皂盒中;比如,将一把放错位置的椅子放回原来的地方。

有秩序的环境会让孩子感觉舒适

当儿童发现物品放置凌乱,没有秩序,他们往往就会感到不安,对混乱的事物产生厌恶情绪,非常渴望它们能够回到原来的位置上去。当这种秩序感得到满足时,孩子就会觉得非常开心和快乐。

有秩序的环境会让他们感觉舒适,让他们感觉放松,更能满足他们的心灵。孩子需要有秩序的环境,就好比动物需要广袤的大地、鱼儿需要游憩的水一样迫切。他们需要的是，就算闭着眼睛行走，都能找到他所熟悉的东西的感觉。秩序感使他们意识到每样物品都应该有其合适的位置，而且他们能记住每件东西原来的位置。这让他们感觉到，这个世界能带给他们稳定和安全。

观察我们四周，那些3~4岁的孩子，最乐于做的事情就是把小东西放回过去习惯放置的地方。他们在适应环境的同时，还能够了解周围的事物，而在这样的环境里生活，他们会感到平静和快乐。

秩序产生了一种自然的快乐，这可以从幼小的孩子所做的游戏上看出来。

在作进一步的阐述之前，我们应该提一下日内瓦的皮亚杰教授对自己的孩子所做的一项实验：

他在一把椅子的垫子底下藏了一件物品，然后把他的孩子打发出这间屋子，他拿起这件物品并把它放在第一把椅子对面的另一把椅子的垫子底下。皮亚杰教授希望孩子会在第一只垫子底下寻找物品，当找不到后，他会到另一块垫子底下寻找。但是，当孩子回到房间后，他所做的就是：掀起第一把椅子的垫子去寻找，然后用尚不规范的表达方式说："没了。"他并没有到其他地方去努力寻找这件物品。

接着，皮亚杰教授重复这项实验，他让孩子看到他从一只垫子底下拿出物品，接着把它放在另一只垫子底下。但孩子还是像以前那样在前一只垫子下找了一遍，又说："没了。"皮亚杰教授这时得出的结论是：他的儿子智力有问题。他有点儿不耐烦地掀起第二把椅子的垫子说："你没有看到我把东西放在这里吗？"小孩回答说："我看到了。"然后指着第一把椅子说，"但它应该在那里。"

孩子感兴趣的并不在于找到物品，而在于在它应该在的地方找到它。他显然认为，教授不理解这种游戏。如果不把物品放在适当的地方，这种游戏还有什么意思呢？

孩子感兴趣的并不是找到物品，而是在它应该在的地方找到它

我曾经看到两三岁的孩子玩过一种捉迷藏的游戏，对此我确实惊讶不已。

他们看起来很高兴、很激动，对他们正在做的这件事充满期望。他们是怎样做这种游戏的呢？一个孩子弯下身子爬到一张覆盖着拖到地面的桌布的桌子底下。小伙伴们看到他爬进去之后就走出这个房间，然后回来掀起桌布，当他们发现这个同伴在桌子底下时就高兴得大嚷一声。这种游戏一遍又一遍地重复着。他们依次说：" 现在，我来藏。" 然后爬到那张桌子底下。

有一天，我也参加了这种游戏。我看到一群孩子高兴地嚷着，拍着手，因为他们找到了躲在门背后的同伴。他们走到我跟前说："跟我们一起玩吧，你藏起来。" 我接受了邀请。他们都老实地奔出了这个房间，似乎并不想看到我会藏在哪儿。我并没有走到门背后，而是躲在一只柜子后面的角落里。孩子们回来了，一起走到门背后来找我。我等了一会儿，最后看到他们放弃找我了，就走出躲藏的地方。孩子们悲哀而迷惑地问道："为什么你不跟我们一起玩？为什么你不藏起来？"

如果游戏的目的是快乐（事实上，孩子很高兴重复这种简单动作），那就必须承认，在孩子生命中的某一个时期快乐就是在适当的场所找到物品。根据他们的解释，"躲藏" 就是在一个隐蔽的地方放置或找到某些东西，正如他们对自己所说的："你们不可能看到它，但是我知道它在哪里，闭着眼睛也能找到它。" 所有这些都表明，自然已经赋予孩子对秩序的敏感性。

5 儿童的内部秩序

孩子天生具有一种特殊的敏感性，这一特性能使他们感受到身体各个部位的姿势和相应位置。

✣✣✣✣✣✣✣✣✣✣✣✣✣

孩子具有两重秩序感。第一个是外部的，这种秩序感归属于孩子对他本身与外界环境的关系的感知。另一个是内部的，这使孩子意识到自己身体的不同部分和它们的相对位置，这种敏感可称为"内部定向"。

心理学家认为，敏感期的孩子存在一种肌觉，这种肌觉能使他们意识到自己身体的不同部分所在的不同位置，并进行特殊的记忆，称为"肌肉记忆"。例如，如果一个人扶着婴儿的手拿到了某个东西，这个动作就会被婴儿感知，固定在他的记忆中。

当然，这种记忆还会影响孩子的心理活动，一旦外部动作和他的"肌肉记忆"不相符时，他就可能变得焦躁不安、发脾气，甚至会出现一种疾病的征兆。这种与"肌肉记忆"不相符的情况如果持续下去的话，孩子就可能

敏感的孩子内部的秩序一旦被破坏，就会焦躁不安、发脾气，甚至生病

表现出让我们不能理解的行为。而一旦这种不符的情况被排除之后，孩子的脾气和疾病也就会迅速消失。

关于此，我们可以看一看这样几个例子：

一位保姆暂时离职，她找到了一位能干的替代者，但后者在给小孩洗澡时碰到了很大的困难。无论何时，后者一给孩子洗澡，孩子就变得不安和绝望，又哭又闹，远离替代的保姆，并且把她推开试图逃跑。这位保姆为孩子做了她所能想到的一切，但是这个小孩还是厌恶她。当以前的保姆回来后，孩子恢复了平静，很明显地喜欢洗澡了。

但这是为什么呢？以前的保姆说，她发现孩子已经把第二个保姆当作坏人，并拒绝和第二个保姆接触。原来，因为她用相反的动作给孩子洗澡——第一个保姆是右手靠近他的头，左手靠近他的脚，而第二个保姆恰好相反。

另外一个例子是关于一个1岁半的小孩的。

父母带着小孩完成了一次漫长的旅游。在旅行过程中，因为害怕孩子累着，所以每个晚上他们都睡在高级宾馆，因为那里有专为孩子准备的带栏杆的婴儿床和特殊的食物。后来回到家，由于没有带栏杆的婴儿床，小孩就和妈妈一起睡在一张大床上，结果小孩总是失眠和呕吐，到了晚上父母还必须把他抱在怀里，他才能入睡。于是他的父母找来儿科医生帮助孩子检查病情，医生给孩子提供了特殊的饮食、日光浴、散步及其他治疗方法，但这些措施毫无成效，夜晚成了全家最痛苦的时间。后来更严重的情况发生了，可怜的孩子痉挛起来，不断地在床上抽搐、打滚，这种情况一天要发生两三次。

孩子父母在紧张之余，找来了儿童精神病专家。医生跟孩子父母交流后了解到，孩子在旅行的过程中一直很健康，很可能他

的失调有某种心理原因。心理学家得到了某种启发——他随手拿起两个枕头,把它们相互平行铺开,它们的垂直边就形成了一种有栏杆的婴儿小床,然后他把床单和毯子覆盖上去。没有说任何话,他将这张临时搭建的婴儿床紧靠向小孩所睡的床边。让人欣慰的是,当这个小家伙看到这张临时的婴儿床时,立刻爬到了小床的里面,愉快地欢呼着:"卡玛!卡玛!"他用这个词表示摇篮,并很快睡着了,当然他的病也奇迹般地好了。

很明显,当小孩睡到大床上时,失去了从小床的两边栏杆所能感觉到的那种支撑感。这种感觉的丧失导致了失调和痛苦的内在冲突,似乎是不可治愈的。他的反应也说明了敏感期的力量,在敏感期,孩子的这种"内部定向"和"肌肉记忆"带给他的影响往往是深刻的。

6 敏感期 VS 孩子的智力发展

孩子似乎天生就是一个积极的观察者，他们通过感官吸收印象，有选择地挑选印象，并根据一种内在冲动、感觉或者兴趣而采取相应的行动。

✣✣✣✣✣✣✣✣✣✣✣✣✣✣

古语云："智力中没有一样东西最初不是源于感觉的。"这句话用来形容孩子从外界吸收印象、获取知识的过程真是再恰当不过了。

的确，孩子似乎天生就是一个积极的观察者，他们通过感官吸收印象，有选择地挑选印象，并根据一种内在冲动、感觉或者兴趣而采取相应的行动。

用一个例子加以解释，也许能更清楚地阐明这个问题：

一个出生只有4个星期的孩子，从未被带出过出生的那幢房子。一天，保姆抱着这个孩子时，孩子看到了他的父亲和他的叔叔同时在一起。这两个人身高差不多，年龄也相仿。孩子大吃一惊，变得害怕起来，不敢看这两个人。如何消除孩子的恐惧呢？孩子的家长请来了教育专家，专家在了解到情况之后，给出了这样的建议：在孩子的视力范围内，他们必须分开，一个到右边，一个到左边。

当他们这样做的时候，孩子转过头看着一个，对他凝视了一会儿，然后突然笑起来。但是随后，他突然变得忧虑起来，他迅速地转过头看着另一个人。只隔了一会儿，他对那个人笑了。他重

复着把头左右转动好多次,脸上交替地显示出忧虑和宽慰,直到他终于认识到他的身边实际上有两个人为止。

这两个人是出现在这个孩子视线中仅有的男人。他们两人分别跟他在不同的场合玩过,把他抱在怀中,充满深情地跟他说话,这个孩子终于认识到,有一个人不同于他的母亲、保姆和家里的其他女人。但他从来没有看到两个男人在一起过,所以,他认为家里只有一个男人。当突然遇到两个男人在一起的情况时,他就会变得警觉不安起来。

当孩子从他周围混乱的环境中,分离出来一个男人,接着当他遇到另一个男人时,他发现了自己的第一个错误。接着他在对自己印象中的男人实体化的过程中努力斗争时,感知到了自己的谬误,对自己的观察有了重新的认识。

事实上,在我们的现实生活中,很多人意识不到孩子在观察敏感期的这个特点,在无意当中打乱了孩子精神世界中的这种内部组织工作。

比如下面这个例子:

一个6个月大的孩子坐在地板上玩一只枕头。枕头上饰有花和儿童的图案,他正兴致勃勃地闻着图案上的花并吻着图案上的儿童。

照管他的女仆认为,如果他能闻和吻其他东西,他也会高兴的。于是,她给这个儿童拿来各种东西并说:"闻这个!吻这个!"但结果是什么样的呢?

孩子大哭起来,对女仆给他的东西并不感兴趣。而且更严重的是,孩子的心灵世界被打乱了。因为他的心灵正处于组织自我的过程中,他正通过识别图像,把它们固定在记忆中,他正在幸福、平静地进行着内部构造的工作。他那试图获得一种内部协调的神秘努力，被一个不了解他心灵世界活动的成人打乱了。

仔细想想：这种情况是不是也经常发生在你的身边？

当孩子正在专注地观察某个事物的时候，你走过去拉住他的小手，或吻他，或试图让他去睡觉，而忽视了他专注的神情下正在进行的心理活动；

当孩子兴致勃勃地正在堆沙土或者垒积木，你走过去将他从沉迷的游戏中拽出来，呵斥他不肯乖乖来吃饭，而忽略了他在垒积木的时候眼神里那异样的神采；

……

当孩子兴致勃勃地游戏时，你最好不要打断他

或许，我们意识不到，当我们粗暴地打断孩子的思维或企图分他的心时，就可能阻碍孩子内部的组织工作。由于对观察敏感期的无知，成人常会压抑孩子的基本欲望。

另一方面，孩子头脑中这种清晰的印象是很重要的，只有这些印象日趋完善，并且对它们进行区分之后，他才能形成自己的智力。

7 关注细小事物的敏感期

孩子所注意到的东西和我们成人是完全不一样的,我们成人往往容易被大的目标吸引,而孩子则往往更容易关注细枝末节。

✣✣✣✣✣✣✣✣✣✣✣✣✣

在孩子的眼里一切都是美好的、纯洁的,只有到他们两岁的时候,他们才不再容易被一些漂亮的物体和鲜艳的色彩所吸引,转而开始对一些小物体感兴趣了。换句话说,他们对不显眼的小东西,甚或是意识边缘的东西感兴趣。

孩子会对不起眼的小东西非常感兴趣

对此,我们可以从一个 15 个月大的小女孩身上发现孩子对细节的敏感性:

妈妈带着女孩在花园里玩耍。一会儿工夫,女孩坐在花园里捧腹大笑，这对一个才15个月大的小女孩来说很不寻常。她坐在平台的砖块上，处于一种沉迷神往的状态，附近的花坛里，一株株天竺葵在骄阳下显得十分艳丽，但是很奇怪，小女孩的眼睛并没有去看它们，而是盯着地上的砖块。在她的妈妈看来，那里显然并没有什么好看的。妈妈见小女孩兴趣浓厚，便慢慢走近她，仔细看了看那些砖块，并没有看到任何特别的东西。小女孩却惊奇地告诉妈妈："那里有一只小东西在动！"在小女孩的指点下，妈妈终于看到一只跟砖头颜色差不多、微小到几乎看不见的小虫在蠕动。

这个发现让小女孩很兴奋，她在快乐的叫喊声中迸发出一种好奇心，其叫嚷声远远高过小孩寻常的声音，这种欢乐不是来自阳光，不是来自花朵，也不是来自她周围艳丽的色彩，而是来自一只和砖头颜色差不多的小虫！

相似的情况，在生活中总是不断上演：

比如说，孩子在地上爬的时候，可能地上有一个小坑或小洞，他也会睁大惊奇的眼睛仔细地瞅上好一会儿，甚至会伸出小手在地上摸索摸索；

比如说，孩子在屋里玩耍的时候，无意间发现某个家具上有把手，他可能就会充满好奇地握住那个把手并不住地开开关关；

而这些生活中的细节，往往是我们成人所注意不到的。

就像下面这个男孩的例子：

妈妈给儿子收集了很多色彩艳丽的明信片，她在这些明信片上画有蜜蜂、狮子、长颈鹿和猴子，以及各种可能会让孩子感兴趣的鸟。妈妈认为，这样一方面可以让他玩得高兴，一方面也能让他利用这些明信片学习。

小男孩对这些收藏品似乎也很感兴趣，他用孩子的语言欢快地对妈妈说："嘀——嘀——"妈妈知道，他的意思是说"汽车"。

妈妈感到奇怪：她并没有给孩子收藏汽车，这个孩子是从哪里看到汽车的呢？于是妈妈对孩子说："我并没有看到汽车啊？"

男孩看着妈妈，从明信片中挑出一张，兴高采烈地对妈妈说："你看，在这里！"在这幅图画的中央，可以看到一只美丽的猎狗，远处有一个猎人，肩上扛了一把枪，在一个角落里可以看到一座小屋和弯弯曲曲的一条线，可以肯定那是一条路，在这条线上还可以看到一个黑点。

小男孩用手指着那个黑点说："嘀——嘀——"事实上，虽然这个黑点极小，以至几乎看不到，但妈妈可以看出这个小黑点确实表示一辆汽车，一辆汽车按如此小的比例描绘出来，大人都很难发现它，但这倒引起了小男孩的兴趣，促使他欢快地喊出了声。

这时孩子的妈妈想，也许孩子的注意力还能被明信片上更多漂亮有用的东西吸引。于是她挑出一张画有长颈鹿的明信片，开始对他解释："你看，这个小动物的脖子真长。"小男孩却是一脸平淡地回答："这是长颈鹿，我见过。"

看看，孩子所注意的东西和我们成人是完全不一样的，我们成人往往容易被大的目标所吸引，孩子则往往更容易关注细枝末节。

对成人来说，孩子的心灵是一个深奥难解的谜。这个谜之所以使成人感到迷惑不解，是因为成人总是根据它的外在表现而不是它的内在精神来作出判断。

这种感觉就像一个人大喊大叫，试图让"聋子"听见他的话一样，然而当这个人费尽了力，结果却听到了一句让他极度尴尬的话："对不起，我一点儿也不聋。"孩子就跟这个一点儿都不聋的"聋子"一样，他之所以没有被我们所提供的东西吸引，是因为他看见了其他更有意思的东西。很多时候，我们都注意不到这些事物。

下面，我们还可以看看这样一个故事：

一位年轻的母亲正给她18个月大的儿子讲故事："我有一本书，书名是《小黑人萨姆博》。萨姆博是个小黑人，在他生日那天，他从父母那里得到了许多礼物，有帽子、鞋子、长筒袜和色彩艳丽的外衣。当他父母正在为他准备丰盛的饭菜时，萨姆博急不可待地要炫耀他的新衣服，于是不打招呼就出门了。在街上他碰到了很多动物，为了安抚他们，他给了每个动物一样东西，他把帽子给了长颈鹿，把鞋子给了老虎，等等。最后，他却只能光着身子并流着泪回家，但是这个故事的结尾是愉快的，因为他的父母宽恕了他，并和他一起享受了丰盛的饭菜。"

母亲把故事的插图本拿给孩子看，孩子却不断地说："不，Lola。"所有的人都很惊讶：Lola是一个曾经照管过他几天的保姆的名字，男孩不断地重复"Lola"是为什么呢？这时，小男孩却开始哭了起来，叫"Lola"的声音比之前更响，而且指着这本书的最后一页。那里画着一个可怜的小黑人正在哭。当时，母亲才真正理解孩子说的"Lola"的含义。男孩把西班牙语"llora（他在哭）"的发音读成了"Lola"。

小孩是对的，这本书的最后一幅画并没有描绘一种愉快的场面，而是萨姆博在哭。没有一个人注意到这一点。因此，当小孩听到他母亲说"这故事的结尾是愉快的"时，他的抗议是完全合乎逻辑的。

很明显，小男孩看这本书比他的母亲更仔细，他看到了最后一幅画是萨姆博在哭，虽然他不能完整地理解母亲的故事，但他的观察力确确实实是惊人的精确。

我们应努力找寻孩子活动背后所隐藏着的一种可理解的原因，没有某个原因，没有某种动机，他就不会做任何事情。

第三章

孩子的成长蓝图——智力及个性培养

◆ 孩子的成长要经历许多准备阶段。他们必须首先对自己和自己的身体器官进行准备。然后,他们会逐步变得强壮,接下来就是对他人进行观察,最后自己能够独立做事。

1 儿童的语言发展（一）

　　语言是自然发展的，是自然创造的。同时，语言发展对所有儿童而言都遵循着这样一个固定的规律——不管孩子生活在什么地方，不管他们所说的语言是简单还是复杂，他们的语言发展阶段都基本相同。

✤✤✤✤✤✤✤✤✤✤✤✤✤

　　我们无法预测一个孩子将来会做什么，但有一点是毋庸置疑的，那就是如果他不能与别人进行交流，他将来几乎什么也做不成。仅仅拥有思考力是远远不够的，因为单靠聪明无法促成人与人之间的交流与协调。

　　语言就是一种用于人与人之间交流和协调的工具。

　　来到这个世界之前孩子还不存在语言问题，语言对于他们而言，仅仅是空气的震动或一些音符的汇聚而已。

　　此时，这些声音对于孩子而言没有任何意义。比如，对于他们来说，容器和"水壶"之间就没有任何逻辑关系。"水壶"一词之所以具有意义，是因为人类赋予了它特定的含义。其他词也是一样。任何一个词之所以具有某种意义，完全是人类群体共同认可的结果。只有了解这些词的意义的人，才能理解这些词的意思。

　　语言是如何为人所掌握的呢？我们在对儿童学习语言的现象进行研究的过程中，或许就能找到答案。

　　在对这一问题的研究中我们可以发现另一个奇怪的现象：

第三章 ◇ 孩子的成长蓝图——智力及个性培养

不管一种语言有多么深奥，没有接受过任何教育的本族人都会说。

以拉丁语为例。对一些以拉丁语变种为母语的人来说，学习拉丁语也非常困难，但罗马帝国的奴隶却能流畅地讲拉丁语。当时拉丁语的难度与现在没有任何差别。没受过教育的奴隶不是也与罗马宫廷中的孩子一样说着同一种语言吗？

在印度，许多年以前，在土地上耕作的农夫、在丛林间徘徊的流浪者不是也能很流利地用梵语交流吗？

孩子拥有自觉、自然地学习语言的能力

带着疑问，我们开始对儿童进行观察，对其语言发展进行细致研究。在这里，我们说"发展"而不是说"教授"，是因为语言不是由母亲来教授的。语言是自然发展的，是自然创造的。同时，语言发展对所有孩子而言都遵循着这样一个固定的规律——不管孩子生活在什么地方，不管他们所说的语言是简单还是复杂，他们的语言发展阶段都基本相同。

所有孩子都要经历简单发音阶段，使用单词阶段和最后熟练使用语法、句法阶段。

心理学家认为，孩子学习语言不是慢慢地一字一句地进行学习的，而是会有"爆发现象"。这种现象不是由教授者促成的，而是自然发生的。孩子总是在某一时期突然就能够准确地说许多单词。比如，3个月之前什么也不会说的孩子，3个月之后就能够很顺利地表述各种名词、前后缀和动词了。而这一切，都发生在孩子满两岁的时候。

这个时候的成人，只需要做一件事，那就是等待。

这种语言爆发式发展的现象会一直持续到孩子两岁时。两岁时，孩子已经能够使用复杂的句子，能够使用不同时态和语态的动词了，包括连词。出人意料的是，他们已经能够使用长句和分句了。同时这种能力从无意识的状态过渡到了有意识状态。完全具有语言能力的孩子现在已经开始不停地说话了。

两岁是人类心理类型的一个分水岭。孩子从两岁时开始进入一个全新的语言时期。语言在这一时期还在继续发展，其发展的方式却已经不是那种爆发式的了，而是一种鲜活的、自然的方式。

第二阶段一直发展到 5~6 岁，在这一时期孩子会学习很多新的单词，并且逐步完善自己所用的句型。当然，如果孩子只能在生活环境里接受很少的词汇，并且说当地的方言，他也会照着学习。但如果孩子生活在另外一些有文化的儿童中间，这些人词汇量还非常大，他也会逐渐发展到这种水平。

所以，环境对孩子的语言学习而言是非常重要的。当然，不管环境是好是坏，孩子的词汇在这一时期都会变得非常丰富。

一些比利时的心理学家研究发现，一个两岁半的孩子具有两三百的词汇量，但到6岁时他已经能够使用数千个词汇了。这些都是在没有老师教授的情况下完成的，是一个自然吸收的过

程。在他们完成所有这些工作之后，我们成年人则做出了一个看起来似乎很明智的决定：把他们送到了学校，让他们开始学习字母表！

6岁孩子的语言表述已经非常准确了。他们了解并且能够使用母语的一些规则，并且独立完成了学习语言的过程。如果孩子没有这种自觉、自然地学习语言的能力，人类在历史上就不会取得如此众多的辉煌成就，就不会有文明的进步。

2 儿童的语言发展（二）

孩子在这一年龄阶段不仅能形成语言，还可能会形成一定的条理感。条理感不是一种暂时的东西，它是孩子的一种需要。

✧✧✧✧✧✧✧✧✧✧✧✧✧

孩子是非常神奇的，他可以在两年之内学会如此多的东西。在这两年内，他的潜意识逐渐觉醒，并且在一夜之间突然爆发。

孩子会在4个月时开始注意到，这个深深吸引他的声音来自于嘴。他会发现，嘴的运动产生了语言。可是，生活中很少有人注意到婴儿会被说话人嘴唇的动作深深吸引，也没有意识到婴儿会对说话人嘴唇的动作仔细观察并模仿。

随后，孩子有意识的行为开始发挥作用了。当然这些动作是在下意识状态下进行准备的。经过两个月的细致观察后，孩子开始发一些单音节的声音。到6个月的时候，我们会在某一天早上醒来突然听到孩子说"pa，ma"，似乎正在说"爸爸，妈妈"。随后的一段时间他们只能说这两个词儿。但我们必须了解，孩子的语言发展在经过长时间的努力后已经发展到了一个临界点。他已经脱离了那种潜意识学习的时期。这个小大人已经不再仅仅像一个机器，他可以随意使用语言的技能了。

孩子出生后的头一年就这样结束了，但在此之前，也就是孩子10个月大的时候，他有了另外一个发现。那就是他知道了他们所听到的声音是具有某种含义的。当我们温柔地对他说话时，他开始努力地理解这些话的意思。因此，孩子出生后的头一年发生

了两件事情：他在无意识状态下学习了语言，并且逐步达到了有意识状态；他还建立了自己的语言系统，虽然这时仅仅是简单重复的牙牙学语。

1岁大时，孩子开始有意识地说话了。虽然他还没有完全脱离牙牙学语的状态，但他现在说的东西已经具有一定的目的性了。

大约1岁半的时候，孩子有了另一个发现，那就是每个东西都有名称。也就是说，他能从听到的所有单词中找出名词，尤其是一些具体的名词。这是一个多么大的进步啊！他已经知道了每样东西都可以用一个特定的词儿来表示。当然，我们都知道，我们不能使用名词表达所有的意思，但孩子一开始只能用名词来表达他的思想。心理学家对孩子所用的这些名词非常关注，他们把这些词称为"一个词的句子"。比如，孩子就经常用"饭饭"来表示"妈妈，我要吃饭"。

这种被压缩的句子的典型特征就是单词本身被改变了形态。孩子经常会说一些短小的拟声词，如用"汪汪"来表示小狗，用"嘀嘀"来表示汽车，等等，我们称之为"儿语"。

当然，孩子在这一年龄阶段不仅能形成语言，还可能会形成一定的条理感。条理感不是一种暂时的东西，它是儿童的一种需要。儿童

1岁左右的宝宝开始有意识地说话了

的心理形成时期，总想把内心一些混乱的东西整理得更有条理。

所以，我总会这样强调：我们应该为1岁至1岁半的孩子建立一种特殊的学校。孩子的父母和社会都不应当把孩子隔离开来。我们应该让他们能够经常与成年人接触，并且总是能够听到发音正确、内容准确的谈话。

我们一定要通过观察和发现来了解孩子的思想，像心理分析学者研究成年人的潜意识那样研究孩子。这当然不是一件容易的事，因为我们要听懂儿语还很困难，还无法明确他们所要表达的意思。也正因此，成人们常常会想：我们和孩子之间要是能有一个翻译该多好啊！

当然，这也正是我的工作。我一直在努力了解儿童所要表达的意思，来充当这个翻译。在这个过程中，我惊异地发现，每当我努力理解他们的意思的时候，他们就会转而求助于我，似乎我能够向他们提供帮助。

与那些对他们进行爱抚的人相比，孩子对能够理解他们语言的人会表现出更大的兴趣。孩子把希望寄托在这位翻译身上，因为这位翻译能够帮助他们打开世界的大门。他们对翻译的兴趣超

父母要通过观察与分析才能理解1岁到1岁半孩子的语言

过对他们进行爱抚的人,这说明对孩子而言,帮助是比爱抚更可贵的。

拿我生活中的一个例子来说:

我有早起工作的习惯。一天早上,一个不到1岁半的男孩大清早就来到我的房间。我亲切地问他是不是想吃什么东西。他回答说:"小虫。"我感到很惊奇。发现我没有理解他的意思,他又说了一个词——"蛋"。我想,他不可能是想吃东西,他到底想要什么呢?他接着说:"妮娜,蛋,小虫。"我突然明白了(对儿童的话的理解该有多么重要):一天前,他的姐姐妮娜用水彩笔画了一个蛋形的圈,他也想要那支水彩笔,他的姐姐不愿意,就把他赶走了。

现在我们知道他的想法了,他不是想与他的姐姐作对,而是在耐心地等待机会,寻求一个能理解他的人帮助他。我给了他一支水彩笔之后,他就高兴起来了。并且,他有了更好的主意,他姐姐用直线画蛋,他却用波浪线画小虫子。

这个孩子的事例,不就是孩子们更喜欢亲近那些能理解他们的人的最好证明吗?

3 智力与手

手和大脑紧密相连,手的活动是对大脑活动的最好表征。

✣✣✣✣✣✣✣✣✣✣✣✣✣

手和大脑紧密相连,手的活动是对大脑活动的最好表征。

我们可以这样认为:如果没有手的帮助,孩子的智力可以发展到一定水平,但如果有手的帮助,孩子的智力则可以发展到更高的水平,其性格也会更加坚强。

抓或拿是孩子学会运动的最初动作。在抓的动作出现之前,孩子会把注意力放在某个事物上。随后,抓的动作有了新的发展,

抓和拿是孩子学会运动的最初动作

它已经不再像以前那样是一种本能的动作，而是变成了一种有意识的行为。孩子10个月大时，周围的环境引起了他内心的极大兴趣，他随之产生了一种强烈的愿望——想要触摸。所以，他现在会做的，已经不仅仅是一种简单的抓的动作了。他可以通过挪动物体来充分表现自己手的能力了。

在对周围环境中的东西有了清楚的了解之后，孩子开始行动了。他会不停地打开或关上抽屉、盒子等东西，拿出橱柜中的衣服，把瓶塞从瓶子中拿出来，把篮子中的小东西弄得满地都是，然后又把它们装回去。通过这些活动，孩子对自己手的控制能力越来越强了。

那么，与此同时，孩子的两条腿又有什么变化呢？这时智力控制和意识控制还没有出现在两条腿上。从解剖学的角度讲，现在的小脑正在快速地发展，而小脑正是控制肌肉平衡的器官。

在这一时期，孩子的身体就好比一个闹钟将要唤醒他体内保持平衡的能力。环境在这里没有起任何作用。命令信号来自大脑。经过不断的努力和坚持之后，孩子已经能够坐起来并且蹒跚学步了。

4 智力与独立

不要向孩子提供过多的、不必要的帮助。如果孩子已经达到了能够独立的阶段，成年人的帮助只会成为阻碍。

✤✤✤✤✤✤✤✤✤✤✤✤✤✤

心理学家研究认为，孩子能够站起来需要经历四个阶段。

第一个阶段是坐起来。

第二个阶段是翻身、爬行。如果在这一阶段你让他抓住你的两个手指头，他就会用脚来走路，虽然仅仅是脚尖接触地面。

第三个阶段，他就可以独自站立了，并且整个脚掌着地，已经能够完成人的正常站立姿势。当然，他还要扶着其他东西，如拽着母亲的衣服等。

不久之后，他就会达到第四个阶段：不需要别人的帮助自己走路。

孩子所有的这些发展都可归因于孩子的内部成熟过程。

孩子现在已经达到了一个新的独立水平，因为独立的意义就是自己能够做事情，可以不需要他人的帮助做一件事情。在渐渐独立的情况下，孩子就会快速地发展，否则孩子的发展就会减缓。了解了这一观点，我们就应该知道如何去对待孩子了。上述理论其实是在提醒我们这样一个问题——不要向孩子提供过多的、不必要的帮助。比如说，如果孩子想独立行走，我们必须允许他们如此，如果一个孩子长到 3 岁时我们还把他抱在怀里（不能否认

这种情况在现实生活中经常出现),他的发展就一定会受到限制。如果孩子已经达到了能够独立的阶段,成年人的帮助只会成为阻碍。

很显然,我们不应该整天抱着孩子到处走,而应该让孩子自己走。如果他的手想做什么事情,我们就应该给他东西,给他一个锻炼智力的机会。这个小家伙只有通过自己亲力亲为,才能渐渐走上独立之路。

当手的技能和腿保持平衡的能力联合起来之后,孩子就不会仅仅要求走路,而是要走很长的路,并且会拿一些较重的东西。实际上,大多数人走路的过程中都会拿东西。孩子已经能够抓东西的手现在必须学习负重,并且移动这些重物。有的孩子会用双手捧着一大罐水,努力地保持着平衡,一步步慢慢走动。这也是一个克服重力的过程。孩子还喜欢攀爬,喜欢抓住某样东西把自己吊起来。他现在抓某样东西的目的,已经不仅仅是要拥有它,而是要通过这个东西爬到高处。这也是锻炼力量的过程,孩子的这一整个时期都是为了锻炼其力量服务的。这也符合成长的逻辑规律,那就是成年人必

孩子的成长需要经历许多准备阶段

须在身体上足够强壮。

随后，孩子已经能够走路，并且对自己的力量有足够的信心。这时他开始注意周围人的各种动作，并且努力去模仿。在这一期间，他模仿别人不是因为别人教他这么做，而是因为他自己本身有强烈的内在需求。

于是我们可以总结出自然界的以下逻辑规律：

1. 让孩子能够站立。
2. 让他们能够走路，并且变得强壮。
3. 让他们参与到周围的环境中去。

我们可以看出，孩子成长要经历许多准备阶段。他必须首先对自己和自己的身体器官进行准备。然后，他会逐步变得强壮，接下来就是对他人进行观察，最后自己能够独立做事。这都是自然的要求，大自然还要求他进行练习，比如爬椅子、爬梯子等。只有在这些都完成之后，他才能达到一个新的时期，产生自己做事的心理需求——"我已经准备好了，我要自由。"

5 不干涉孩子的行为

我们必须让孩子完成自己的行为。不管我们认为孩子所做的事情是聪明的还是愚蠢的,都不要进行干涉。

✣✣✣✣✣✣✣✣✣✣✣✣✣✣

如果我们对这一年龄段的孩子进行观察就会发现,他们会努力地做完一件事情。尽管他们所做的事情对于我们而言可能会有些可笑,但这并不妨碍他们做事的热情。这是他们内心的需求所促使的。这时,如果有人打断他们的行为,就有可能造成其性格的变化,他们做事就会毫无目的和兴趣。

正是因为如此,我们必须让孩子完成自己的行为。不管我们认为孩子所做的事情是聪明的还是愚蠢的,甚至违背了我们的意愿,都不要进行干涉,因为能够自己做完某件事情,是孩子能在未来发展的一种必要心理需求。

我们在上一章也讨论过,儿童总是以一种很有趣的方式来满足自己的愿望。我们有时看到不足两岁的孩子会乐此不疲地去拿一个他根本就拿不动的东西。比如,我的一个朋友家里有许多很重的工具,一个 1 岁半的孩子经常会很费力地把这些工具挪来挪去。现实生活中,孩子们总是喜欢帮大人摆桌子。他们会主动地拿一袋比他们个头大很多的面包。他们会不停地把东西拿来拿去,直到累了为止。成年人总怕孩子这样会劳累,所以,在看到孩子拿着东西搬来搬去时,或者会帮助孩子,或者会阻止孩子。但心理学家认为，这时成年人对孩子进行帮助会阻碍孩子的行为，严重者甚至会影响孩子的心理。很多精神上有问题的孩子都可能受到过类似的打扰。

对于1岁半左右的孩子，即使他在做我们看来可笑的事情，也不应被打断

对于这一年龄段的孩子，另一件经常要做的事情就是爬楼梯。我们爬楼梯是有目的的，孩子爬楼梯却没有任何目的。他们爬到楼顶之后并没有满足，还会跑到下面再爬上来，如此循环反复。学校的操场上经常有一些木制或水泥制的滑梯。孩子爬楼梯不是因为他们要下来，他们的目的是要爬上去，在劳累中寻找乐趣。

然而，现实生活中，很少有成年人不对孩子的行为进行干涉。而成人的干涉，往往就会影响孩子的正常成长。所以，很多心理学家们建议专门开辟一个供儿童活动的地方，在那里，他们可以不受干扰地做任何事情。

6 智力与走路

不停地走,不停地发现,这是孩子的本性,也应该成为我们教育工作的一部分。

✦✦✦✦✦✦✦✦✦✦✦✦✦

现在让我们讨论一下两岁的孩子走路的需求。走路对于现在的他们而言是很自然的需求,因为他们即将长大,必须掌握成年人的各种基本能力。如果心情好,一个两岁的儿童可以走1千米的路,他非常愿意克服走路所带来的困难。但我们必须明确,孩子对于走路的看法与我们完全不同。我们认为孩子不能走很远的路,是因为我们潜意识里要求孩子与我们有同样的步幅。这是一种愚蠢的想法,就好比我们与一匹马一起跑,并且试图跟上马一样。马见到我们跑得上气不接下气,可能会说:"到我背上来吧,我帮助你。"我们在面对相似的情况时,可能也会毫不犹豫地将孩子抱在怀里。

对孩子而言,他们的目的不是到达某个地方,他们想做的仅仅是走走而已。因为他们的腿没有成年人的长,所以,我们没有必要要求他们能跟上我们。并且,我们也应该减慢速度。作为成人,在这一问题上迁就孩子是很有必要的。孩子有其自身的发展规律,如果我们要帮助他们,就应该遵循这一规律,而不应该将自己的想法强加给他们。

孩子在走路的过程中不仅会使用腿,还会使用眼睛。他们之所以要走路，是因为他们的眼睛看到了一些有趣的事情——这些事情深深吸引了他们。比如，一个孩子在一个大人的陪同下走路，遇到地上有一丛牧草，他就会蹲下来观察。过一会儿，他才会站起来继续往前走。看到一朵花他就去嗅一嗅，看到一棵树他就要往上爬，还要在树下转几圈，然后坐下来看。就这样，他可以走好几千米的路。在走路的过程中，他还会有很多有趣的发现，还会不时地休息一下。如果他在路上碰到什么障碍物，如石头、树干等，对他来讲，那更是再好不过了。如果喜欢水，他就会站在小溪边高兴地喊："水，水！"而跟在他身边的成年人在走路的过程中，往往不能理解孩子的这些行为，他们只想尽快到达某个地方。

对于"走路"，成年人与孩子有着完全不同的看法。

孩子的走路方式就像那些最初出现在地球上的原始部落的人的游荡方式一样。他们不会说"我们去巴黎"，因为那时没有巴黎，也不会说"我们去坐火车"，因为那时不可能有火车。他们不停地游荡，直到被有趣或有用的地方吸引，比如一片可为他们提供木柴的森林或一片可以让他们放牧的草原。孩子就像他们一样，不停地走，不停地发现，这是孩子的本性，也应该成为我们教育工作的一部分。

孩子走路时就像一个探索者

　　教育工作者认为，孩子走路就像是一个探索者。这种探索活动应该成为学校教育的一部分，并且在孩子很小的时候就应该展开。孩子应该经常到户外走动，观察他们喜爱的事物。学校也应该进行这种教育。例如，教孩子区别各种颜色、树叶的形状和纹理、昆虫的习性、鸟和其他动物的名称，等等，这些都会引起孩子极大的兴趣。他们的兴趣越大，在户外走路的时间就会越长。想要孩子进行探索，就必须开发他们的兴趣，这是我们应该做的。

　　走路是一种全方位的锻炼。走路能改善人的呼吸和消化，能让人们取得与进行其他体育锻炼时一样的效果。此外，在走路过程中，我们还会发现一些有趣的东西，会把这些东西拎起来或进行鉴别，我们可能会跳过一条小沟，或捡拾一些木柴用来烧火。人在做这些活动的时候需要各个器官的参与，这一过程一点儿也不比其他体育锻炼差。逐渐地，人的知识就会增长，对事物的兴趣也会相应提高。教育应该遵循进化的法则，我们应该给孩子提供多走路、多开阔眼界的机会。只有这样，孩子的生活才会变得越来越丰富。

　　在现代社会，把这条原则应用于我们的教育显得尤为重要。

7　3岁——神奇的新阶段

从3岁开始，他们已经能够有意识地对周围环境进行研究，并开始一个真正的创造、建设阶段。

✤✤✤✤✤✤✤✤✤✤✤✤✤✤

3岁，孩子的生命活动进入了一个新的阶段，在这一时期，意识出现并开始发挥作用。无意识和有意识两个阶段之间有一个明显的界限。在无意识阶段不可能有记忆存在。只有在意识出现之后，孩子才可能有一个固定的人格，才有记忆的能力。

3岁之前是各种功能的建立阶段，3岁之后是各种功能的发展阶段。这两个阶段之间的界限就像古希腊神话中所说的遗忘河一样，很多人很难记起3岁之前发生的事情，原因也就在这里。心理分析学者一直在努力唤起人们对这一期间的记忆，但几乎没有谁能够想起3岁之前发生的事情。这是多么不可思议的事情啊！人在0~3岁期间经历了一个从无到有的创造性过程，当事人却无法记起这一期间发生的任何事情。

这个无意识状态下的创造者，也就是3岁之前的孩子，似乎完全被他们从记忆中抹去了。3岁之后，我们面前似乎出现了另一个孩子，成年人与孩子之间的纽带被自然割断了。因此，在孩子3岁之前，我们成年人对孩子所做出的某些行为可能是极具破坏性的。我们必须记住，在孩子生命的这个第一阶段，他们完全依赖于我们成年人，而我们也必须尊重他们的自然成长规律，给予他们一定的帮助。

3~6岁阶段,他们已经能够有意识地对周围环境进行研究,并开始一个真正的创造、建设阶段。

如果说在第一阶段孩子只是被动地观望着世界,默默地为自己的心理打基础,那么,在这第二阶段里,他们就已经开始有效地发挥个人意愿了。如果说第一阶段他们受内在的一些非人为力量指导,那么在这一阶段他们就可以自主决定自己的行为了。于是他们的手开始忙了起来。一个起初在潜意识状态下对周围世界进行吸收学习的孩子,现在已经能够自己动手改造世界了。这表明,孩子3~6岁阶段是一个通过行为进行"建设性完善"的时期。

孩子的大脑不知疲倦地从周围世界中吸收、学习的能力现在还是存在的,而且这种吸收、学习的能力变得更加丰富了。孩子现在不仅可以发挥感觉的作用,还可以自己亲自参与。手成了大脑的执行器官。

以前孩子在成年人的带领下通过对周围世界的观察学习、吸收知识,现在他们对各种事物都想亲手摸一下,并加以区分。这时的孩子总是表现得非常繁忙、高兴,不停地用手做这做那。现在,孩子的智力已经由发生阶段迈向了发展阶段。他们希望通过自己有目的的行动探寻世界,进一步促进智力的发展。

孩子3岁后这一阶段的接受能力是非常强的,这一点毋庸置疑。

4岁大的孩子正处于完善自己的语言机制、扩大自己的词汇量时期。因此,如果我们在孩子4岁大的时候给他一些语法帮助,就会对他的语言学习起到很好的作用。通过教授语法,我们可以帮助孩子熟练掌握所学习、吸收的口语。

经验表明,这一时期的孩子对语法非常感兴趣,这是教给他们语法的最好时机。在第一阶段（0~3岁），语法的学习是在无意识状态下完成的，现在孩子要对它进行有意识的完善。

3岁后的这一阶段常被称为"玩的年龄"

8 3~6岁——学习语言的最佳时期

我们在教授孩子新词汇时,应该尝试把这些词汇与实物结合起来,或与他们的户外活动结合起来,保持词汇与孩子的实际经验相联系。

✛✛✛✛✛✛✛✛✛✛✛✛✛✛

许多试验明确表明,孩子在这一时期的词汇发展最快。孩子在这一时期似乎非常饥渴地想学习新的词汇。但如果没有人向他们提供帮助,他们学习起来就会很费力。因此,在这一阶段,我们应根据他们的需要,系统地教授他们词汇。

这一年龄段的孩子对词汇有着强烈的渴求,并且在学习过程中一点也不知道疲倦。但一到下一阶段就完全不一样了。孩子又具有了其他能力,学习新词汇对他们来说变得越来越困难了。但是我们又发现,孩子在这一阶段学习的词汇将会终生受用。在他们8~9岁上学后,甚至以后的岁月里,他们都能流利地使用这些词汇。

因此,我们可以得出这样的结论:3~6岁是儿童学习语言的最佳时期。当然,这种学习不应该是机械式的学习。我们在教授孩子新词汇时,应该尝试把这些词汇与实物结合起来,或与他们的户外活动结合起来,保持词汇与孩子的实际经验相联系。比如:我们在教孩子"花""树叶"的时候,可以向他展示花、树叶是什么样子的;在让孩子认识峡、湾、海岛时,可以通过地球仪讲述它们的样子(峡、湾、海岛等)。如果有实物、图片或图表,孩子就

3~6岁是孩子学习语言的最佳时期

很容易记住这些单词。其实,孩子学习这些东西并不会有任何困难,只是成人们会一厢情愿地认为这些词汇难于记忆并且容易混淆。

我曾经看到一个在校的14岁男孩对花各个部分的名字都一无所知。这时,一个3岁左右的孩子跑过来指着花对他说:"这叫雌蕊。"然后又跑开了。

还有一次,我在教室里向孩子们讲解关于植物根的分类,并通过墙上的挂图向他们进行讲解。这时,一个小家伙跑了进来向我询问这些图上的东西是什么。我向他做了讲解。不一会儿,我们发现花园里几乎所有植物都被拔了出来。这个小家伙对植物的根着了迷,想把这些植物都拔出来看个究竟。

所以,我们建议通过图形或实物教授孩子学习词汇,当然,这也可能引起家长的不满——试想:当家长回到家里之后,发现花园里的所有植物都被孩子拔了出来,会是什么感觉呢?

9 让孩子的性格正常发展

成人对孩子的威胁、利诱都是没有用处的，我们要做的就是为孩子提供一个正常的生活条件。

✢✢✢✢✢✢✢✢✢✢✢✢✢✢

3岁左右是人生最重要的部分，对性格的发展也非常重要。

在孩子个性发展的过程中，每一时期都为下一时期打下了基础。想在第二阶段发展正常就必须在第一阶段发展良好。

举个比较通俗一点儿的例子：毛毛虫和蝴蝶的外形和行为都是不同的，但蝴蝶的美丽来自它幼虫的形态，而不是来自它对其他蝴蝶的模仿。

拥有现在，才能创造未来。我们在一个阶段中满足孩子的需求越多，他在下一阶段的发展就会越好。

孩子出生后的几年是非常重要的。出生后的2～3年，孩子所受到的影响可能会改变他的一生。在这期间，如果他受到伤害、暴力或其他障碍的影响，其个性就

我们在一个阶段满足孩子的需要越多，他在下一个阶段的发展就会越好

可能会发生偏离。也就是说，如果孩子在发展过程中遇到障碍，他的性格就会不正常；如果他能够自由发展，他的性格就会正常。

我们曾对儿童这一阶段进行过研究。根据这些研究成果，我们发现：假如0~3岁时造成的一些缺陷不能得到改正（由于忽视或错误的治疗），那么这些缺陷会一直保留下来，其影响也会愈来愈大。那么，到6岁时，在这个孩子身上仍然会存在3岁之前形成的人格偏离等缺陷。6岁之后，这些缺陷会对第二个阶段产生影响，影响孩子对正确和错误的认识。

所有这些缺陷都将对孩子的心理和智力产生影响。如果前一阶段不利于孩子潜能的发展，孩子就会表现为学习困难。因此，6岁孩子可能受前期缺陷的影响表现出一些不正常的特征。例如：6~12岁孩子所具有的道德感等特征，在他们身上可能表现不出来。他的智力水平也可能低于正常值。因此，这个孩子可能形不成自己的性格，也无法继续学习。在最后一个阶段，他的这些缺陷还会造成其他更多的缺陷。最后这个人很可能就会成为一个废人。

关于儿童的性格缺陷，我最后把它分成两类：一类是那些强壮儿童（那些可以克服障碍的孩子）表现出的缺陷，另一类是那些弱小儿童（那些在不利条件面前屈服的孩子）表现出来的缺陷。

第一种类型的孩子通常表现得反复无常，并有愤怒和暴力倾向。他们的典型特征是不服从命令，也就是我们通常所说的"毁灭性的本能"。这些孩子往往有很强的占有欲，表现得极度自私和嫉妒，最终会表现为抢占他人的东西。他们的行为没有目的性。这种行为在孩子当中很常见，不能集中注意力，无法协调双手的活动，他们手里拿的东西很容易掉到地上摔碎。他们的心理错乱，并且充满幻想。这些孩子非常不安静，通常大喊大叫。他们喜欢

打扰和取笑别人，对弱小儿童或小动物不友善。他们吃饭时通常也表现得很贪吃。

第二种类型的孩子通常表现得很被动，他们的缺陷大多是消极、懒惰。他们喜欢通过哭来乞求别人的帮助，总是要求成人服侍他们。他们希望别人取悦他们，并且很容易烦躁；他们对很多事情都感觉害怕，并且依赖于成人；他们经常撒谎（这也是自我保护的一种被动形态），喜欢偷东西（心理补偿的另一种形态），等等。

这样的孩子在心理存在问题的同时，在身体上可能也会有一些反应。例如，他们拒绝吃饭，明显没有胃口或者没有吃饱的感觉，最后造成消化问题；例如，他们经常做噩梦、怕黑、睡眠不好，有的孩子甚至贫血（某些类型的贫血和肝脏问题确实是由心理问题引起的）。这些孩子的神经方面通常也有一些问题。以上由心理问题所引起的疾病用药物大都无法治疗。

一旦孩子开始做某事，我们就不应该打断他们

我们能给父母们一些什么建议呢？我们的孩子应当在一个有意思的环境中生活。父母不必为孩子提供不必要的帮助，一旦他们开始做某件事情的时候，我们不应该打断他们。和蔼、严厉、药物对于精神饥饿的孩子来说没有任何帮助。

　　打个比方，如果一个人挨饿受冻，我们说他是"傻瓜"，或者痛打他一顿，或者要求他心情好起来，这些都是无济于事的，他最需要的是食物，其他东西都不可能起到作用。对于儿童的心理来说也是如此，无论父母对他的态度是严厉还是和蔼，都不能解决问题。人类是智慧的动物，不仅需要物质上的营养，更需要精神上的营养。如果孩子能够自主决定自己的事情，完善自己的心理，那么什么都不会出现问题。他们的心理变得正常了，儿童所面临的问题会消失，也不会再做噩梦，他们的消化也会恢复正常，一切的问题，也就不再是问题。

　　所以，成人对孩子的威胁、利诱都是没有用处的，我们要做的就是为孩子提供正常的生活条件。

10　让孩子在错误中得以成长

孩子追求完美、不断检查自己行为的习惯，对确保孩子的发展来说至关重要。

✤✤✤✤✤✤✤✤✤✤✤✤✤

在自己动手去尝试和体验的过程中，孩子多多少少都会犯一些错误，作为成人，面对孩子犯下的错误，我们该怎么做呢？

如果我们对犯错这一现象进行过研究就会发现，我们每个人都会犯错误，这是一个事实。如果本着尊重事实的原则，就应该承认每个人都可能会犯错误，否则我们岂不都成了完人？因此，我们应当理性对待犯错误这一问题，把它看作生命中不可或缺的一部分。当然，错误也有它有益的一面。

许多错误都会在生命的进程中得到改正。

拿孩子最爱玩的一个游戏来说：

孩子最初玩的游戏是摆圆柱体。这些圆柱体的高度相同，直径不同，每一个圆柱体都恰好能插入与它相邻的孔罩中。孩子玩这一游戏时首先就会认识到，所有圆柱体都是不同的。其次，他会知道，必须用拇指和其他两个手指抓住圆柱体的顶部。儿童将这些圆柱一个接一个地向上接。接到最后，他们可能会发现自己犯了一个错误——最后一个圆柱体太大了，无法插到第二个圆柱体的孔罩里，而有些圆柱体插入另一个孔里时可能会非常松。

这时候孩子就会重新进行检查，仔细研究，努力解决这个问题。这个剩下的圆柱体表明他犯下了一个错误。恰恰就是这种错误引起了孩子的兴趣。因此，他会不停地重复做这个游戏。这种游戏对孩子有两个好处：一是提高了孩子的理解力，二是使他们有效地对错误进行控制。

两岁的孩子就可以使用这种玩具，并很快就具有了改正自己错误的概念，这样孩子就会走上不断完善的道路。但这并不意味着他已经很完美了，他还必须对自己的能力有所认识，这样才会激发他产生一种努力工作的愿望。

孩子可能会说："我不完美，也并非无所不能，但我知道自己能够做什么事情。我也会犯错误，但我能够自己改正。"

这种审慎、自信的性格，和他们由此所获得的经验将使他们终身受益。

我们可以看看已经接受这种教育很长时间的孩子情况如何：

在计算数学题得出结果之后，他们会对结果进行检查，这已经成了孩子们的习惯。对他们来说，检查结果比结果本身对他们更具有吸引力。

我们曾做过一种练习，让孩子把写有名字的卡片放到相应的物体下面，孩子们

不必担心孩子犯错误，孩子会在错误中成长

会反复通过各种方式对自己做完的结果进行检查，他们在发现错误的过程中会获得极大的乐趣。

在日常生活中，经常为孩子安排一些显而易见的错误，会使

孩子逐步达到完善。因为，在这个过程中，孩子可能就会养成反复检查的习惯。追求完美、不断检查自己行为的习惯，对确保孩子的发展来说至关重要。

孩子也有追求准确、完美的天性。就像这样一个例子：

孩子也有追求准确、完美的天性

一个小女孩在做"按命令行事"游戏时读到这样一句话："到外面去，关上门，然后回来。"小女孩仔细研究了这句话，然后按照命令行动起来，可是她还没有完全完成动作，就跑回到老师跟前说："如果我把门关上了，我该怎么进来呢？"

"你说得对，"老师说，"这是我的错。"于是老师改动了作为"命令"的句子，去掉了"到外面去"。

"好，"女孩说，"现在我可以完成了。"

对这些错误的交流会拉近人与人之间的关系。错误会导致人们的意见分歧，但纠正错误又会把人们统一到一起。

发现错误、改正错误会成为人们的兴趣所在。错误成了一件有趣的事情。错误成了人与人之间的纽带，促进了成人与孩子之间关系的和谐。孩子并不会因为在成人身上发现错误而对成人不尊敬，成人也不会因此而失去尊严。错误不光是一个私人问题，每个人都有责任改正错误。

小事情正是以这种方式变得伟大起来的。

⑪ 服从的三个阶段

第一阶段，孩子有时听话，有时不听话，看起来有些反复无常。

第二阶段，孩子随时可以服从命令。

第三阶段，孩子喜欢履行别人的命令，并且乐此不疲。

在意志力发展的最后阶段，儿童已经具有服从能力，这种服从能力又促成了儿童的服从意识。

✤✤✤✤✤✤✤✤✤✤✤✤✤✤

接下来，我们将讨论服从对于一个人来说到底意味着什么。从前人们认为服从就意味着：老师或者父母让孩子做某件事情，孩子按照他们的命令去做了这件事情。

可是，我们如果对孩子服从意识的自然发展过程进行研究就会发现，它会经历3个阶段。

在第一阶段，孩子有时听话，有时不听话，看起来有些反复无常。

孩子在第一阶段的行为只受"有目的的行动"的支配。所有的孩子在这个阶段都是这样。这种情况会一直持续到孩子出生后第一年结束。

对于3岁以前的孩子来说，除非命令符合他们的内心需求，否则他们是不会服从的。

服从意识发展的第一阶段的特征是：孩子有时服从，有时不服从。在这一阶段里，服从和不服从是相伴而生的。

第二阶段是孩子随时可以服从命令，在控制自己的问题上不再存在障碍。他们的这种能力已经得到了巩固，他们不仅可以听从自己的意志，而且可以听从他人的意志。这是服从意识发展历程上的一个巨大进步。就好像一种语言已经能够翻译成另一种语言一样，孩子可以领会他人的意图，并且可以通过自己的行为表达出来。

在第三阶段，孩子似乎意识到，老师所能做到的事情常常是自己的能力所不能及的，于是，他可能会对自己说："这个人的能力比我强，他可以影响我的大脑发育，把我变得同他一样聪明！"这种感觉会给孩子带来无限的快乐。

第三阶段的孩子喜欢履行别人的命令，并乐此不疲

这个发现激发了孩子内心的巨大热情，于是，孩子可能会不停地等待老师给他命令。这是非常有趣的一种自然现象。

作一个不太恰当的比喻：狗对主人怀有好感，就会随时等待他的命令。狗会全神贯注地注视主人手里拿着的球，一旦主人将球抛向远方，它就会跑过去很有成就感地把球叼回来。然后，它就耐心地等待主人的下一个命令。它渴望得到主人的命令，并且从服从命令中得到乐趣。儿童服从意识发展的第三阶段，就跟小狗有些相似。他们好像有些喜欢履行别人的命令，并且乐此不疲。

有这样一个有趣的例子：

一个执教10年的女老师把班级管理得非常好，也习惯于给班里的同学提一些个人建议。有一天，她对学生们说："把东西都收拾好，在你们晚上回家之前。"她的话刚说完前半部分"把东西收拾好"，孩子们就开始迅速仔细地收拾东西，直到老师把后半句说出来，他们才停下来。孩子们的服从意识反应得如此迅速，以至于老师不得不改变自己说话的语序。实际上，老师在这种场合应该这样说："在你们今天晚上回家之前把东西收拾好。"

这位老师说，这种事情经常会发生。孩子们的这种迅速反应，促使她在说话之前总会进行慎重思考，她认为这是她的责任。而我们通常认为，人可以用自己喜欢的方式随意发布命令。相反，她认为老师的这种权威地位给了她一种压力。有一次，教室里的孩子非常吵闹，她想在黑板上写上"肃静"这个词，当她刚刚把第一个字母写完，整个班级已经变得鸦雀无声了。

在意志力发展的最后阶段，孩子已经具有服从能力，这种服从能力又促成了孩子的服从意识。孩子的服从意识一旦达到很高的水平，不管老师的命令是什么，他们都可以立即履行。

12 占有欲与破坏——伟大智慧的萌芽

人性以占有和毁坏开始，以爱和服务他人结束。

✥✥✥✥✥✥✥✥✥✥✥✥✥

这里所说的占有欲就是孩子的占有心理。

现实生活中，我们也会很惊奇地发现：孩子一旦得到他们渴望得到的东西，就会丢掉或打坏这些东西。似乎孩子的占有欲和破坏欲是相伴而生的。

大多数人都会持有这样一种观点：没有一种东西能够引起人们持久的兴趣。既然如此，孩子的这种行为也就不难理解了。以手表为例。手表是用来为我们指示时间的，这是它的价值所在。但对于不知道时间到底意味什么的孩子来讲，他在拿到手表时很可能会把手表摔坏。大一点儿的孩子可能知道手表是做什么用的。当拿到手表之后，他可能会努力想知道手表是如何做成的。他会很小心地把手表打开，看一看齿轮和指针是如何工作的。但这同时也说明，他对手表本身已经不再感兴趣了，他的兴趣已经转移到了手表的工作原理上。所以说，孩子需要的不是物体本身，而是对物体的深入了解。

努力了解物体的工作方式是占有心理的第二种类型，这通常有许多种表现形式。比如，孩子摘花就是为了摘到之后把花扔掉或弄碎。在这种情况下，占有欲与破坏欲是同时存在的。但如果孩子对花已经很了解，知道花的每一部分是什么样的，他就不会摘花，也不会去弄坏它。他只会对花进行仔细研究。他的兴趣已经具有了一定的知识性，他想占有的是知识。同样，儿童可能会为了得到蝴蝶而把蝴蝶弄死，但如果他的兴趣集中在昆虫或昆虫在自然界的角色上，他就会对蝴蝶进行仔细的观察，而不是抓住它或弄死它。这种对知识的占有欲集中表现为孩子被周围环境的事物深深吸引。我们可能会说，孩子"深深地爱上了周围的环境"。这种对周围环境的热爱使孩子非常小心、仔细地做每一件事情。

我们不能通过说教来防止孩子弄坏东西

可以这样说：历史上所有有成就的人都有追求美好的本性。他们会通过各种方式来理解生命，进而保护、发展生命，最后通过他们的智慧对生命提供帮助。农民们不是总在照看作物和饲养动物吗？科学家们不也是没日没夜地进行科学研究吗？人性以占有和毁坏开始，以爱和服务他人结束。以前弄坏花园里植物的孩子现在已经开始细心地观察植物的生长了。他们不再把植物称作"我的……"，而是称作"这个……"了。这种升华和爱源于他们的一种新的意识。

我们不能通过说教来防止孩子弄坏东西。只有做事和集中注意力才能给孩子带来知识和爱，才能把潜藏于孩子内心深处美好的东西挖掘出来。

第四章

孩子成长的障碍——成人不该阻碍的那些事儿

◆ 当孩子发展到能够独立行动的阶段时,他们跟成人的冲突也就开始了。

◆ 由于孩子比较弱小,加上成人并不能很好地理解他们的行为,所以有时候,孩子往往会屈服于成人的意志,成人也会在不知不觉间充当阻碍孩子正常成长的角色。

① 睡眠——满足孩子的需要

孩子应该得到正常的睡眠，但我们必须区分什么是适宜的、什么是不适宜的。

✤✤✤✤✤✤✤✤✤✤✤✤✤

成人，不管他们是贫穷的还是富有的，在养育孩子时，通常都会犯这样的错误：他们总认为孩子不应该碰不属于他的东西，不应该大声说话或者叫嚷，他应该多躺一会儿，应该吃和睡，应该到户外去走走。

所以，在现实生活中，很多成人都会这样对待孩子：他们或者会让孩子到外面去疯跑，或者会打发孩子去睡觉。

在我们这样做的时候，或许并没有想到，给孩子下这样的命令到底合适不合适。的确，我们不能否认，每个人都需要睡眠，孩子自然也不例外，但若是成人将自己的意志强加在孩子身上，让一个机灵好动、充满活力的孩子把大部分的时间用在睡觉上，显然是不科学的。

孩子应该得到正常的睡眠，这一点不容辩驳，但我们必须区分什么是适宜的、什么是不适宜的。如果孩子正精力充沛、兴致勃勃地做着某事，我们却让他去睡觉，那么我们的要求无疑就会打乱孩子本来的思维，孩子这个时候的睡眠就属于非正常的了。

强者可以通过暗示，把自己的意志强加给弱者。一个强迫孩

子的睡眠时间超过他本身需求的人，其实就是在通过暗示的力量无意识地将自己的意志强加给孩子。

这对孩子的成长而言，是极为不利的。据调查，在一些家庭里，婴儿，甚至两岁、3岁或4岁的孩子都被责令过量睡眠。

也许很多父母还会以此为荣，觉得自己的孩子一到黄昏就主动去睡觉，是乖巧和听话的表现，这样他们自己就可以自由地外出，想做什么就去做什么。他们在这样扬扬自得之时，全然没有想过，孩子听话和乖巧的表象背后，是不是有悖他们的成长规律。

在成人们看来温暖舒适的小床，有时候也不见得就是适合孩子的，甚至还可能会成为孩子的痛苦之源。

观察我们周围那些婴儿床，几乎每张小床都是柔软的，都装有美丽的栏杆。这样的婴儿床和成人的相比，就像是一只悬挂在空中的鸟笼。这样，父母或者保姆在照料婴儿的时候，就不必麻烦地俯身弯腰，把儿童放在那里，父母也不必害怕他会跌下来受伤。此外，孩子的房间还是遮阳的，以致第二天的阳光也不能唤醒他。

所以，作为成人，我们在对待孩子的睡眠问题上，不仅要记得不能让他超过必要的睡眠时间，还要记得提供给他一张适合的床。

专家对此给出的建议是，我们应该废除孩子的婴儿床，给孩子一张矮床，最好能挨着地板，这样孩子就能在疲劳的时候爬上去睡觉，睡够了自然地醒来，当他想要起床时就会爬起来。

孩子需要的往往只是一些简单的东西，复杂的东西常常会更多地阻碍他的发展而不是促进他的发展。

在不少家庭里，父母会通过把一张小床垫放在地板上，并覆盖一条大毯子，从而改变孩子的睡眠习惯。这样，一到晚上，孩子就可以高兴地自个儿去睡觉，早晨起床也不会打扰任何人。

通过上面这些例子，我们可以得出这样的结论：成人把自己的意志强加给孩子，在照料子女的同时把自己弄得精疲力竭，是多么的错误！

成人应该努力了解孩子的需要，而不是将自己的意志强加给孩子

从所有这一切我们还可以看到，成人应该努力了解孩子的需要，这样就可以给孩子提供一个适宜的环境，满足他们成长的需要。只有这样，才能开创一个教育的新纪元。成人必须不再把孩子看作一个物体：当他幼小时，可以将其拎起来到处走；当他长大一些后，就让他服从成人。

成人必须明白，在孩子发展的过程中我们只能起次要的作用。我们必须努力理解孩子，这样才能适当地帮助他们。自然，孩子远比成人弱小，在某种程度上他们并不能和成人相抗衡。所以，如果我们想要孩子发展他们的个性，就必须学会控制自己，领会孩子的任何行为。

② 行走——理解并配合孩子的行走方式

学会走路对孩子来说是第二次降生,从一个依赖他人、不能自助的人到一个拥有自己的独立行动能力的人,这番努力的成功,是孩子正常发展的主要标志之一。

✣✣✣✣✣✣✣✣✣✣✣✣✣

成人应该放弃自己的思维方式,让自己适应成长中孩子的需要,而不是让孩子按照成人的意愿成长,只有这样才能保证孩子成长的道路更加顺畅。

就拿孩子行走能力的发展来说,孩子并不是单纯地等待这种能力的降临,而是通过自己的走路实践来获得的。可以说,孩子的第一步是对自然的一种征服,它标志着儿童从1岁进入到两岁。

学会走路对孩子来说是第二次降生,从一个依赖他人、不能自助的人到一个拥有自己的独立行动能力的人,这

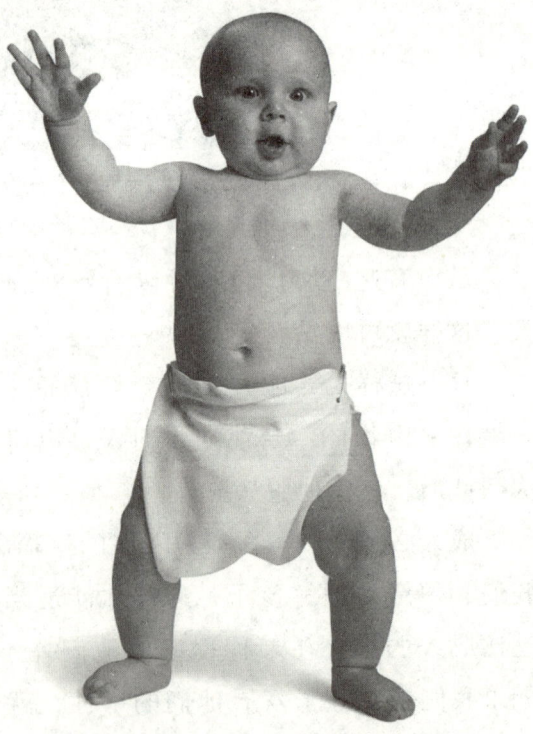

学会走路对孩子来说是第二次降生

番努力的成功，是孩子正常发展的主要标志之一。但迈出这第一步之后，他仍然需要经常实践才能将这种能力巩固，让自己的步伐能够更平衡、更稳健。

当然，这其中就需要孩子付出更多的努力。当孩子试图走路的时候，他勇敢无畏，甚至在尝试中还会表现得有点儿莽撞，就像一个真正的士兵，不管遇到什么困难，他都会一往无前地冲。孩子追求目标的这种强烈冲动，常常会使成人感到担心，害怕他们这种横冲直撞的举动会给他们造成伤害，于是成人会用防护设施把孩子围起来，比如说，将婴儿放进手推车里，或者放进学步车内。

当成人带孩子外出时，即使孩子能够走路了，成人仍把他放在手推车里推来推去；由于他的腿短小，没有耐力走长途，他就必须使自己适应那些拒绝降慢步速的成人。即使带孩子外出的成人是保姆，也是孩子去适应保姆，而不是保姆去适应孩子。保姆将按照她自己的速度推着载有小孩的手推车，直接走到室外活动的预定目的地，似乎她推的是装蔬菜的小推车，而不是载有孩子的手推车。只有当她到了公园时，她才会让小孩走出手推车，在草坪上走动，同时她的两眼始终注视着孩子。她所做的这一切仅仅是为了避免可能发生的事故。

我们不能否认，成人这种小心翼翼的态度，确实是一种对孩子成长的关心，但不可否认的是，这样做忽视了对孩子内在精神发展的关心。

在动物界，我们经常会看到这样的现象：较高等的动物总是本能地使自己的活动适应幼崽的需要，当一头小象被他的母亲带入成年象群时，成年的大象总会把自己的步伐降到幼崽的速度，

当小象因疲劳而停下来时,它们也会停下来。

然而,这些连动物都能做到的事情,很多成人却不明白,能够做到的更是少之又少。

这少数人对孩子的理解,为我们提供了一定的借鉴。比如一位爸爸在跟儿子散步的过程中,就是这么做的:

一天,一位父亲带着他年幼的儿子散步,突然这个不到两岁的小孩用手臂抱住了父亲的腿。于是,男人就站在那里不动,让孩子围着他的腿转。当小孩玩累了,停止这个游戏之后,两个人又开始了缓慢的散步。后来,孩子又被路边的野花和小昆虫吸引,跑去观察这些东西了,而孩子的父亲只是和蔼地站在一旁等待着他,既不呵斥也不催促。

孩子在散步的过程中,不仅锻炼了腿部的肌肉,也学会了观察和认识眼前的世界

这个散步过程,看上去是那么的和谐自然。这对父子的散步方式就是值得我们学习的。因为在孩子和成人散步的过程中,孩

子是在尝试用两条稚嫩的双腿动作协调地向前行走。他不仅锻炼了腿部肌肉，也顺便学会了观察和认识眼前的世界。

那不勒斯有一对夫妇，他们最小的孩子只有 1 岁半。夏季当他们到海边去的时候，他们必须沿着一条陡峭的路走差不多 1.5 千米的下坡路，推车或乘马车带着孩子显然是无法通行的。所以，年轻的父母要自己抱着小孩，但他们发现将孩子抱在怀里实在太累人了。

最后，还是孩子自己解决了这个麻烦，他步行或者奔跑，走完了全程。他时而伫立在花边，时而坐在草坪上，时而站着看一些动物。有一次，他呆呆地站了将近 15 分钟，凝视着一只驴子。孩子缓慢地行走在这条路上，似乎每天都可以毫不疲倦地往返这条漫长而艰难的道路。

1 岁半到两岁大的孩子可以走好几千米路，或进行爬斜坡和登梯子等有一定难度的事情。然而，跟我们成人相比，他们的行走有着截然不同的目的。成人行走是要达到某个目标，结果他们常常会迈着稳健的步伐大踏步地直接走到那里；而孩子的行为则是为了完善自己的特殊功能，他们走得比较缓慢，甚至还没有一种有节奏的步伐，并且不能使自己的步伐指向最终的目的地。他们的行动往往会被他们所直接看到的周围物体吸引。如果成人想帮助孩子，就必须放弃自己的速度和自己的最终目的。

然而，有些父母常常对孩子在走路过程中表现出来的举止表示担心，就像下面这个例子：

有一位母亲曾这样说起自己的孩子：孩子是在几天前才开始学走路的。但是任何时候，只要他一看到梯子就会尖叫起来，如果有人抱着他上下楼梯，他就几乎激动得发疯。孩子的行为似乎不可理解，只要把他抱上或抱下，他就变得眼泪汪汪，非常的激

动。母亲认为孩子的这种心理紊乱可能只是暂时的。但很明显，她错了。孩子只是想靠自己的力量在楼梯上爬上爬下。楼梯的台阶对他而言更有吸引力。在旷野上，他的双脚被草遮没了，他的手也没有合适的地方可以放置。在这里，他可以把手搁在台阶上，或坐在台阶上。

爬楼梯是3岁之前孩子最爱做的一项运动，
滑梯上总是挤满了孩子

爬楼梯是3岁之前孩子最爱做的一项运动。现实生活中，我们经常会看到滑梯上总是挤满了孩子，他们登上登下，爬来爬去，乐此不疲。

他们这样做不仅协调了自己的腿部运动，也大大开发了大脑的智力。尽管这样做可能会有一些危险，但至少他们的行动不会变迟钝，孩子也会变得活泼而且充满活力。要知道，唯有配合孩子的精神发展，才能使他们得到最大的助益。

3　手和脑——不说"不要碰"

孩子必须通过自身的实践，通过手的活动，才能发展自我，因此，他们需要有一些便于工作的物体，以便给他们提供活动的动机。

✣✣✣✣✣✣✣✣✣✣✣✣✣✣

人的手是如此的精细和复杂，它不仅能展现人的心灵，还能使人们跟他周围的环境建立起特殊的关系。我们甚至可以说，"人是靠手占有环境的"。

因此我们应该热切地期待儿童朝外界物体第一次伸出他们的小手。因为这将代表这些小手第一次有了智慧的举动，这种举动代表了他们要努力融入这个世界的原始欲望。

然而可惜的是，在实际生活中，成人因为害怕这些小手伸向一些存有潜在危险或者价值不菲的东西，所以，总是千方百计地隐藏这些东西，不让孩子拿到。他们总是说："不要碰！"正如他们不断地重复："别动！安静！"

在成人的潜意识里潜藏着一种焦虑，基于这种焦虑，成人在孩子周围筑起了一道防线，他们甚至会请求其他成人参与到这种防护中来，似乎他们必须跟一种正在侵犯其财产和安全的力量做秘密的斗争。

为了内心的发展，在孩子的成长环境中必须有一些适宜看和听的物体。由于他必须通过自身的实践，通过手的活动，才能发

展自我,因此,他需要有一些便于工作的物体,以便给他提供活动的动机。但在家庭当中,孩子的这种需要往往被忽视了。

孩子周围的所有东西属于成人所有,并为成人所用。对孩子来说,这些东西是禁忌之物,是不允许触碰的。在孩子的发展过程当中,一个阻碍他成长的因素也就这样确定下来,即他不可以碰任何东西。对孩子的心灵发展来说,这种情况是非常不正确的。

如果我们认真观察孩子就会发现,当一个孩子成功地抓到某个东西后,他就会像发现一块骨头并躲到角落里去享用的饥饿小狗,从并不能给他带来营养的物体中寻求营养,并且害怕有人把他手里的东西抢走。所以,当孩子伸出小手去实践的时候,做父母的不要阻碍,而应给予积极的支持!

孩子通过手的活动,才能发展自我,他需要一些便于他工作的物体

4 不要打断孩子有目的的活动

让孩子独立,这个道理很简单,但由于成人的思想中存在根深蒂固的障碍,因而这个理念很难实现。

✢✢✢✢✢✢✢✢✢✢✢✢✢✢✢

在1岁半到3岁之间,孩子身上开始出现一些有目的的活动了。

比如一个1.8岁的儿童就曾乐此不疲地玩弄一叠餐巾。当发现一叠刚刚熨平并叠得整整齐齐的餐巾时,这个小家伙拿起其中一块餐巾,一只手小心翼翼地捧着它,同时把另一只手放到餐巾上面,以便使折叠整齐的餐巾不至于散开。他走到房间斜对面的角落,把餐巾放在那里的地板上,并说:"一块。"然后他像来的时候那样又返回去,用同样的方式拿起第二块餐巾,小心翼翼地捧着它并沿着同样的路线行走,把它放在已置于地板上的那块餐巾之上,又说一遍:"一块。"他不断重复这项工作,直到把所有餐巾都拿到另一个角落为止。然后,他把这个过程倒过来,又一块一块地把所有的餐巾放回原先的地方。

虽然这叠餐巾堆放得不像最初那样完美,但仍然折叠得相当好;虽然堆放得有点儿倾斜,但实际上是整齐的。这个孩子是幸运的,在这一漫长的练习过程中,家中一个人都没有。

和这个孩子相比,很多孩子就没有这么幸运了。在现实生活中,孩子不知要听到成人多少次在他们背后大声叫喊:"停下来!不要动那些东西!"有时候,成人为了让孩子长记性,甚至还会对

着这些柔嫩的小手打上几巴掌。

让孩子独立,这个道理很简单,但由于成人的思想中存在根深蒂固的障碍,因而这个理念很难实现。一个年纪大一点儿的人,即使想同意孩子的要求,让孩子自由地触摸和到处搬运东西,但到最后往往也无法抵制自己内心的模糊冲动,导致他最后阻止这个孩子。

就像这样一个例子:

在纽约,有一位很熟悉这些思想的年轻妇女,她想把这些思想实施于她两岁半的儿子身上。有一天,她看见他正把一只装满水的水罐拿到客厅里,她注意到,他处于高度的紧张之中,并缓慢地努力穿过这个房间。

"当心!当心!这水罐很重!"孩子的母亲终于忍不住要帮助他了。她拎起这水罐,把它拿到他要去的地方。虽然在母亲的帮助下,水罐顺利地到了目的地,孩子却很伤心,他感到受了屈辱。

让孩子自由地触摸和搬运东西,能够培养孩子的动手能力

这位母亲承认她造成了孩子的痛苦，但她认为，自己的行为是正确的。她说，虽然她认识到孩子正在做的事情是必需的，但是，她又觉得，让他自己搞得精疲力竭，并且在做的时候浪费很多的时间，似乎是不适当的，因为这种事情她只要一下子就可以完成。

成人为什么要这样做呢？一方面是因为父母想要帮助孩子，另一方面就是因为父母对孩子的吝啬。这句话怎么理解？成人大多有保护自己财产的欲望，害怕孩子在自己动手的过程中破坏了东西。然而，他们不知道，他们插手孩子的工作，这样一个小小的举动无形中就破坏了孩子锻炼手部关节的机会。孩子通过拿杯子或搬东西，使自己手部关节更灵活、运用更自如。孩子只是想进行一次快乐的尝试，一次前所未有的锻炼而已。

那么，我们成人该如何保证孩子拥有一个适宜培养他动手能力的环境呢？对此，例子中的这位母亲认识到自己的错误，并接受了专家的建议，她是这样做的：

她让孩子随意拿一件轻巧的瓷器（注意，一定要用瓷的，不要用塑料或铁的），像小杯子等。

没过多久，她便发现，她的孩子十分小心地拿着杯子，每走一步都要停一停，最后安全地把杯子放到了目的地。在整个过程中，孩子的母亲被两种情感围绕着：一种是为她儿子的工作而高兴，另一种是为她的杯子而担心。但让人欣慰的是，最终她让儿子完成了这项工作。这项工作是她儿子如此渴望要做的，对他的心理发展极为重要。

在成人环境中，孩子就像一个额外的存在。但是，成人想要完全把孩子排除出这种环境，就会阻碍他的生长，就好像我们不允许他学习如何说话一样的不科学。

为孩子准备一个适宜的环境，使他可以充分展现出他强烈的个性和愿望，由此我们就可以避免类似的冲突。

5 不要替代孩子的行为

孩子做事有自己的节奏,而父母给予他们的帮助往往会成为他们成长过程中的第一个阻碍,对其日后的生活产生难以估量的影响。

✤✤✤✤✤✤✤✤✤✤✤✤✤✤✤

在生活中,孩子总会热衷于做一些琐碎的或毫无用处的事情。比如,当一个孩子发现桌布斜了,他的小脑袋就会想桌布应该怎样铺,并且调动自己所有的激情,慢慢地试图把桌布弄正。对于处在这个发展阶段的孩子来说,这是一种令人欣喜若狂的行动,它代表着孩子已经开始具备一定的生活节奏;对此,我们成人只有做个旁观者,并且不要制止和妨碍他的努力,孩子才可能在这个内在建设的过程中取得成功。

但是实际上,在现实生活中,很多人往往做不到不妨碍孩子的行为。我们发现,孩子所有的企图几乎都会受到成人的阻拦。面对孩子毫无成效地试图完成某项活动,面对孩子的节奏以及他不同于成人的行为方式,成人会变得恼怒,迫不及待地开始插手孩子的事情。

就拿生活中比较常见的一个例子来说:

孩子想要梳头,在这个过程中,他可能会花费很多时间,当然结果也不见得梳得很好。为了避免上述情况的发生,成人常常会剥夺孩子自己动手的权利,走向孩子,从他手里拿过梳子,帮助他梳头。

尽管这时孩子的内心正处于一种令人欣喜的建设性活动中，但他看到成人走上来拿起梳子，并说必须由成人来梳，他就知道，成人是一个强有力的巨人，与他争辩是毫无用处的，最终只有屈从成人的意志。

类似情况，在孩子试图穿衣服或者系鞋带的时候也会经常发生。

节奏感是人的一种内在特征。当其他人的活动节奏跟我们的相接近，我们就会为之感到舒服和高兴，但当我们被迫去适应他人的节奏时，我们就会感到痛苦。

例如，当我们必须跟一个腿部有问题的人一起走路时，我们就会感到痛苦；如果我们看到一个患有中风病症的人用颤抖的手缓慢地把杯举到嘴唇，他颤抖而缓慢的动作也会让我们感觉难受。这时候，我们就会产生去帮助他们的强烈渴望。

成人对孩子的行为也有点儿与此相似。当孩子的动作缓慢时，成人就感到不得不进行干预，从而以自己的行动去代替孩子的行动。

可我们不得不说，在成人这样做的时候，并不是在孩子的心理需要上帮助他，而是在孩子喜欢做的活动上代替他。成人阻止了孩子自由地行动，成为孩子内心自然发展过程中的最大障碍。

在生活中我们也经常能看到这样的场景：当孩子想要洗澡、穿衣或者梳头的时候，成人对孩子的行为进行了干涉，孩子往往就会表现出"任性""哭闹"，甚至竭斯底里。其实，他们只是想要靠自己的努力求得成长，而父母给予他们的帮助往往会成为他们成长过程中的第一个阻碍，对其日后的生活产生难以估量的影响。

6 不要把自己的意志强加给孩子

成人的意志会造成孩子支配的自我与其自身分离，而另一个屈从的自我将成人的意志履行下去。这个外来的力量，剥夺了孩子那并不成熟的锻炼活动。

✧✧✧✧✧✧✧✧✧✧✧✧✧

一个成人可以通过身体的活动来代替孩子，也可以通过把自己的意志强加于孩子来代替他们。当这种情况发生时，就不再是孩子在行动，而是成人借助孩子在行动。

在我们的学校里，我们也会发现，如果我们过分热情或者用夸张的动作给孩子示范如何做某些事情，孩子的自我思维和判断能力就会受到压抑。

为什么会这样呢？因为在这个过程当中，成人的意志会造成孩子支配的自我与其自身分离，而另一个屈从的自我将成人的意志履行下去。虽然后一个自我更强有力，但是它并不属于孩子，这个外来的力量，剥夺了孩子那不成熟的锻炼活动。

成人虽然并不希望这种情况发生，却仍然在无意识中这样做了，甚至并不知道这种影响的存在。

有这样一个例子，就能很好地说明这一点：

一个两岁左右的孩子把一双脏鞋子放在白床单上，他身边的大人没有多加思考就冲过去把鞋子拿起来，接着把它们放到房间的角落里，并说："它们是脏的。"然后，大人用手把床单上放过鞋子的地方掸了掸。从这之后，无论何时小家伙只要看到鞋子就会说:"它们是脏的。"然后他会走到床边,把手按在床上,似乎在把它弄干净,尽管实际上鞋子并没有在床上放过。

还有一个例子,也能很好地说明这一点:

有一天,一位年轻的妇女收到一个包裹。收到这件礼物后她很高兴,打开盒子后发现里面有一块丝手帕,她就把这块手帕给了她的小女儿。包裹里还有一只喇叭,她就把它放到嘴边吹了起来。这时,小孩高兴地叫道:"音乐!"隔了一段时间以后,只要碰到一块布,小孩就会微笑着说:"音乐!"

除此之外,成人的禁令也很容易对孩子的活动产生一种约束力。有一个有趣的例子:

一个4岁左右的小女孩单独跟她的外祖母住在乡村庄园里。女孩很想打开花园里的人造喷泉龙头,以便能看到喷水。她正要这样做时,却突然把手缩回来了。她的外祖母鼓励她打开龙头,但女孩回答说:"不,我的保姆不喜欢这样。"于是外祖母微笑着试图说服她:"没关系,我允许你这样做。"一想到能看到喷水,女孩既高兴又满意,笑了起来。她再次伸出了手,但并没有开龙头,又把手缩了回来。原来,并不在场的保姆的禁令比现场的外祖母的邀请具有更大的约束力。

还有一个类似的例子,是关于一个稍大一些的孩子:

他是个7岁左右的男孩。他坐着并看着远处吸引他的某种东西,不久就站起来准备朝那个东西走去。但是,他很快又退回去,并坐了下来,似乎他在因自己无法克服意志的动摇而感到痛苦。阻止他起步的"主人"是谁呢?没有人知道,这种记忆甚至在孩子的心里已荡然无存。

7　接纳孩子的爱

我们应该记住,孩子爱我们,并想服从我们,孩子爱成人胜过其他任何东西。

✣✣✣✣✣✣✣✣✣✣✣✣✣

孩子对环境的爱,似乎具有天然的兴趣和活力。比如说,他会盯着路边的花草观察很长一段时间;比如说,他会围着成人不停地转来转去……但是,很少有成人把孩子的这种行为看作一种精神的能量,看作一种伴随着创造力的道德美。

其实,从本质上说,孩子的爱是单纯的。他爱周围的一切,是因为他想从中获得感官印象,这种印象能够给他提供成长的媒介。

而他爱的主要对象就是身边的成人。他从成人那里得到他所需要的物质帮助,从成人身上学习他成长所需要的那些东西。对孩子来说,成人是令人肃然起敬的。成人的嘴唇就像智慧的喷泉,能够为他提供很多他所需要的词汇。

成人用自己的行动,向孩子展示了人的行为举止。孩子通过模仿成人,开始自己的生活。成人的言行深深地吸引着孩子,以致使他着迷、入神。

孩子对成人的言行是那么的敏感,以致成人在某种程度上就能够支配孩子的生活和行为。我们可以回忆一下前面提到的例子——

孩子把他的鞋子放在床单上那件事。他以后的行为就表现了他的自然服从,也展现了暗示的力量。一个成人对孩子所讲的话就像刻在大理石上一样,永远铭刻在他的心中。

其实,孩子之所以会有这样的反应,只是因为他渴求学习、渴望爱,所以,作为成人,我们应该仔细地斟酌在孩子面前所讲的每一句话。

孩子乐于服从成人,虽然可以让成人省心不少,但是,成人也应该注意,当孩子身上出现那些有利于他自身发展的本能时,我们就要慎重地对待孩子的行为了。为什么这么说呢?成人为了自己的利益要求孩子做出牺牲,就好比孩子出乳牙时我们阻止乳牙长出来那么的愚蠢。

孩子喜欢成人在他身边陪着他

在现实生活中,当自己的意志与成人的意志发生冲突时,孩子会发脾气甚至反抗,其实这些都是孩子内在的创造性冲动与他所爱的那个成人不能理解他的需要之间产生矛盾的外在表现。

当孩子不服从或者发脾气时,成人应该想到这一点。

我们应该记住,孩子爱我们,并想服从我们,孩子爱成人胜过其他任何东西。

孩子爱成人,喜欢成人在他身边陪着他,而且,他很高兴能引起人们的注意:"瞧着我!和我在一起!"

比如，晚上成人想去睡觉，孩子就会不住地叫他，因为孩子爱他并不愿看到他离开；比如，当我们去吃饭时，一个正在被喂奶的孩子也要一起来，他倒不是为了吃东西，而只是要待在我们的身边，以便能看着我们。

可惜的是，很多成人未能意识到孩子这种深厚的爱。

我们应该清楚这一点，现在如此深厚地爱着我们的幼儿终将长大并忘掉这一切。到那时谁还会像现在这个孩子一样地爱我们呢？谁还会在我们睡觉前呼唤我们，并充满深情地说"和我在一起"，而不是冷漠地祝我们"晚安"呢？当我们吃饭时，谁还会如此真诚地希望站在我们身边，仅仅是为了看着我们呢？我们排斥这种爱，我们将永远再也找不到另一种同样的爱了！

我们喋喋不休地说："我没有时间！我不能！我忙！"然而谁的心里不是在想"你必须纠正孩子这种行为，不然的话，你终将成为他的奴隶"？

我们想摆脱掉孩子的束缚，这样我们才能做我们喜欢的事情，我们才不至于感到不便。

早晨，孩子走进父母房间唤醒父母，这是一件让父母极不高兴的事情。可是，我们为什么不这样想一想：如果不是爱，还有什么力量会促使一个孩子一醒过来就去寻找他的父母呢？黎明，当孩子从床上起来，他就去找自己仍然在睡觉的父母，只是想去看他所爱的那些人而已。

父母住的房间也许是暗的，门也紧闭着，以致黎明的光线都没有打扰到这两位睡眠者。孩子进了父母的房间并触摸他们，父母被吵醒，抱怨道："我们已经跟你讲过多少次了，不要一早就来叫醒我们。"孩子无辜地回答说："我并没有叫醒你们，我只是要给你们一个吻。"实际上，他也许在说："我并不希望把你们从睡眠中唤醒，我只是要唤起你们爱的精神。"

确实，孩子的爱对成人而言具有极重要的作用。父母对周围的一切都麻木了，需要一个新人去唤醒他们，需要孩子用他那充满生气和富有活力的能量再次激发他们，让他们感受到爱的力量！

没有孩子对成人的帮助，成人将慢慢颓废。如果成人不努力自我更新，在他们心脏的周围就会逐渐形成一层硬壳，最终将会使他们变得麻木不仁。

第四章◇孩子成长的障碍——成人不该阻碍的那些事儿

8 正确看待孩子的无理取闹

实际上，孩子的无理取闹大都是因为需求被成人忽视，他们想要一件东西，或者想做某件事情却被成人给阻止了。

✧✧✧✧✧✧✧✧✧✧✧✧✧

在生活中，我们总会遇到孩子无理取闹的情况，这时候孩子的脾气总是特别大，只要不顺心就会大哭大闹，而且很爱缠人。

有人认为，这是因为成人们平时太宠孩子了，这样下去孩子的脾气会越来越大。这些人建议：如果孩子总是无理取闹，父母就应该学着拒绝他，孩子哭闹几次之后，就会慢慢明白哭闹是没有用的。然而，事实果真如此吗？难道孩子真的是在无理取闹吗？

或许，我们看完下面这个例子，就能明白些什么了：

一天晚上，妈妈要儿子上床睡觉。小男孩没有按照妈妈的话去做，并且请求妈妈让他把已经做了一半的事完成。但是妈妈一点儿都不肯让步。没有办法，小男孩只得乖乖地上了床。可是过了一会儿，他又悄悄爬起来想把事情做完。

妈妈发现小男孩竟然背着她又偷偷溜下了床，于是狠狠地骂了他一顿。

小男孩对妈妈说："我没有骗你啊，我跟你说过我想要把事情做完的。"

妈妈不想再和孩子就这个问题纠缠，于是就叫小男孩道歉。

可小男孩还想继续和妈妈理论：他并没有欺骗，他说过了要把事情做完才去睡的。小男孩解释说，因为他没有欺骗任何人，因此他不明白为什么需要道歉。

"好吧!"妈妈武断地说,"我知道了,原来你一点儿也不爱妈妈!"

小男孩感到不解:"妈妈,我真的很爱你,只是我并没有做错事,为什么要道歉呢?"

看完这个例子,我们有没有想到什么呢?在孩子和妈妈的对话当中,我们是不是能够感觉到——孩子的谈吐才更像个大人,而妈妈的行为反而更像一个孩子那样无理取闹呢?实际上,孩子的无理取闹大都是因为需求被成人忽视,他们想要一件东西,或者想做某件事情却被成人阻止了。成人不理解他们内心的真实想法,却自以为是地用自己错误的观点处罚孩子,这很容易对孩子的心灵造成伤害。成人的种种错误做法,其实才是真正的无理取闹。

孩子的无理取闹大都是因为其需求被成人忽略

他们盲目对待孩子的方式,给孩子的心灵造成了很大的伤害。然而许多父母仍然把对孩子的"压迫"误当作爱的表现,并因此

忽略孩子内心真正的需要。

如今许多医生开始了解，孩子情绪失调的首要原因，就是源于他们在幼儿时期受到的压抑。孩子在幼儿期的一些征兆，例如失眠、做噩梦、消化不良和口吃等，通常都是情绪失调的结果，而这些伤害将会伴随孩子进入成年期。

我们一定要让孩子摆脱压制，让他们的精神重获自由，只有这样，孩子的心灵才能和身体一样茁壮成长。

9　不做虚伪的父母

实际上，我们身边那些不厌其烦地教导孩子一定要养成诚实习惯的父母，往往有意无意地把自己的孩子包裹在层层的谎言之中。

✣✣✣✣✣✣✣✣✣✣✣✣✣✣

我完全同意哲学家罗素的说法："孩子不诚实几乎都是恐惧的结果。"

许多心理学家也认为：孩子说谎有种种原因，其中一个最普遍的原因就是出于无奈。换言之，孩子撒谎有时候是父母逼的——这可能是很多父母都没有想到的结果。

为了说明这一点，我们不妨来看一看生活当中的一些例子：

为了教育小女儿绝对不能说谎，我熟悉的一位妈妈向小女孩讲了许多说谎的坏处，她努力向孩子灌输这样一种理念：一次小小的谎言到最后也会让人犯下一连串错误，好比一句谚语所言："说谎会让人失去理智。"

然而，这位妈妈自身又是怎样做的呢？

一天，她的一位朋友打电话邀请她去参加一场音乐会，她委婉地推脱说："啊！真是不好意思，我头疼得厉害，实在没办法过去。"谁知，她的电话还没讲完，就听到隔壁房间里传来一声痛哭。她赶紧冲进去，只见她的小女儿双手捂着脸，整个人痛苦地跌坐在地。"宝贝，发生了什么事？"妈妈急切地问。小女孩连看都不看她，只是哭着叫嚷道："妈妈在说谎！"

小女孩内心对妈妈的信任,就这样被妈妈自己的举动轻而易举地摧毁了,一道横亘在成人和小孩之间的高墙悄无生息地出现了。这种隔膜日积月累,越来越厚,直至形成代沟,从此孩子就会把父母的教训当作耳旁风,对父母的话产生怀疑,因为他们已经看到了成人在生活中言行不一的"真面目"。

实际上,我们身边那些不厌其烦地教导孩子一定要养成诚实习惯的父母,往往有意无意地把自己的孩子包裹在层层的谎言之中。

可以说,这些谎言都是提前设计好的,是大人们故意编织的"谎言圈套",其结果就是会迷惑和欺骗自己的孩子。

比如,许多父母总是告诉孩子,圣诞老人和妖魔是存在的,天上有神仙和小天使等。这样的做法对孩子的成长不仅不会有任何促进,反而会有很大的阻碍。

一个小女孩的爸爸是一名牧师,她每个礼拜天都会到教堂听爸爸布道。牧师说:"我们所有人都是兄弟姐妹,穷人和受苦受难者也是上帝的子民,我们如果希望获得永生,对穷人和苦难之人就必须呵护。"小女孩被牧师爸爸的布道感动得泪流满面。

在他们离开教堂在回家的路上,牧师的女儿看见路边有一个乞讨的小女

父母的行为,其实孩子都看在眼里

孩，可怜的小女孩身上有许多伤口。牧师的小女儿跑过去，爱怜地拥抱和亲吻了这个小女孩。这时，牧师和他的太太吓坏了，他们一把抓回了他们穿戴整洁的漂亮女儿，一边拉着孩子急急忙忙地走开，一边责骂孩子的行为失态。回到家，牧师太太赶紧帮小女孩洗了个澡，把衣服也重新换了个遍。这件事最后怎么样了呢？从这之后，小女孩再听她爸爸布道时，就像听其他故事一样，内心不再有任何的感触，也不再有任何感动。

孩子并不像看起来那么简单，父母自以为是的态度以及那些不当的行为，孩子其实都看在眼里。在他们看来父母是虚伪的，这种虚伪让孩子感到绝望。孩子内心的这种矛盾，越积越深，总有一天他会和父母发生冲突。父母在赢得胜利的同时，也会失去孩子对他们原有的信任，孩子对父母的情感也会一同消失。

第四章◇孩子成长的障碍——成人不该阻碍的那些事儿

10 别把孩子当成"软蜡"随意捏

"不要毁掉孩子设计内在生命的软蜡。"父母要像呵护风中蜡烛一样呵护孩子的天性,而不能成为孩子发展的障碍。

✥✥✥✥✥✥✥✥✥✥✥✥✥

孩子最让人感到不可思议的地方,就是他们异常敏锐的观察力。成人们想象不到的事物,孩子可以想象到;成人们观察不到的事物,孩子都明察秋毫。

通过模仿成人的行为,孩子进行最早的练习。

我就曾看到这样一幅画面:

在饭厅里,一个成人抱着一个几个月大的婴儿。婴儿看到一幅画,上面画着许多的水果。婴儿一边看着画,一边做出假装吃东西的样子。这个婴儿当时还处于吃奶的阶段,但他看到过大人们吃水果的样子,于是便模仿起来。抱着婴儿的成人看孩子模仿得那么开心,就抱着他站在画前,一直到婴儿兴趣索然才离开。

故事中的这个成人是一位真正的教育家,他无意中对孩子的配合动作顺应了孩子的天性,满足了孩子塑造自我能力的需求。

的确,孩子天生具备学习和模仿的能力。比如,一个小孩看见大厅里的芭蕾舞雕像之后,就立刻跳起舞来,因为他曾经看过别人跳舞的样子,所以,他知道雕像的姿势就是跳舞的动作。正是这种自发模仿学习的能力,让孩子得以进步和提高,其智能得到开发。

明白了这些,成人就一定要学会敏锐地观察孩子的需要,及时地给予孩子帮助，让孩子参与到我们的生活当中来。

然而，遗憾的是，很多父母乃至教育者都认为，孩子就像"软蜡"一样可以任意拿捏，成人可以根据自己的意志塑造他们，让他们按照自己的计划发展成长。这样的观点在某种程度上虽然有一定的道理，但其致命的错误在于孩子并不是"软蜡"，他们有自己内在的发展要求，必须依靠自己来塑造，任何强制介入都会给孩子的内心带来永久的创伤。从某种意义上说，即使把成人的这种干扰行为称为"犯罪"也不为过。

在现实生活中，我们经常可以看到一些被父母刻意捏出来的"小大人"。父母的这种做法应该禁止，孩子必须依照自己的天性去发展，这种拔苗助长式的教育带给孩子的伤害是致命的！不仅如此，更严重的是，父母这样做还会不断破坏孩子好不容易塑造起来的自我。

孩子有自己内在的发展要求，必须依靠自己来塑造

虽然孩子会趁父母不注意之际，对被父母破坏的自我进行重建，可是父母又会再一次地将之破坏殆尽。孩子和父母之间的冲突加剧，一直僵持到孩子完全投降为止。

从此之后，孩子会变得畏畏缩缩，变得完全服从于父母，没有了自己的

思想、个性和灵魂。他们甘心做父母的木偶,变得麻木,懒得发表任何自己的意见,更不想动手去做本来自己想做的事情。对他们而言,一切都变得无聊透顶,世界上再也没有什么有趣的事了!

这样残酷的悲剧,在世界的各个角落时刻上演着。孩子呼唤着被拯救,做父母的却依旧执迷不悟,孩子的理想前景仍未到来。

孩子的天性就像一支燃烧的蜡烛,一不小心就有可能被成人熄灭。即使这样,如果成人能顺应他们的天性,提供好的环境和条件,熄灭后正冒烟的蜡烛也能复燃。而成人如果执迷不悟,再一次将冒烟的蜡烛狠狠熄灭,那么孩子就永无燃烧的可能,孩子心中如汪洋一样浩瀚的潜力就要永远被埋葬了!

所以,作为父母,我们一定要认识到,孩子的成长必须依靠他们自己。

"不要毁掉孩子设计内在生命的软蜡。"父母要像呵护风中蜡烛一样呵护孩子的天性,而不能成为孩子发展的障碍。

⑪ 孩子其实不累

其实，当孩子对某项活动兴趣浓厚时，他是不会觉得累的。如果大人强迫孩子每隔几分钟就休息一下，反而会使他失去做事的兴趣，让他更容易感到疲累。

✤✤✤✤✤✤✤✤✤✤✤✤✤✤

在教育孩子的过程中，父母往往忽视孩子"疲劳"背后的真相。在父母的强迫和阻拦下，孩子很难从事自己热爱的活动，而父母提供的玩具又不能引起他们的兴趣，因此当他们玩耍一段时间后就会对这一玩具失去热情，这时孩子的表情可能是厌倦或者疲惫的，有时甚至烦躁不安，此刻父母一定会认为孩子累了，需要休息了。

难道事实真是如此吗？不是的。这只是父母不了解孩子的心理而已。孩子的这种表现本应该引起他们的警觉，而他们却采取错误的方法，促使孩子的成长陷入了恶性循环。

这句话该怎么理解呢？我们可以想一想，在日常生活中，我们都是怎样对待孩子的。

每当孩子忙碌一段时间之后，大人们往往就会强迫他去休息，并认为这是对孩子的关心——孩子忙了那么长时间应该累了，需要休息一下。

实际上，大人们这种一厢情愿的看法，完全是对疲劳的偏见。当孩子对某项活动兴趣浓厚时，他是不会觉得累的。如果大人强迫孩子每隔几分钟就休息一下，反而会使他失去做事的兴趣，让

他更容易感到疲累。

这个道理很好明白，很多人在工作一天回家后，经常会说："我好累呀！"难道他们真的做了很多工作，累得不行了吗？

其实未必，很多情况下是，过一会儿之后，他们就会去做自己感兴趣的事情了。如果他们真的感到很累，应该马上上床睡觉才对。但是他们并没有这么做，他们在自己的爱好上花费几个小时又几个小时，并且毫无怨言、不知疲倦，这是因为他们在爱好中获得了满足和精神上的放松。

正是由于在工作中无法满足成就感，他们才容易感到累，但这只是一种"假累"。换言之，如果在工作中真的能够获取精神上的满足，那么当我们完成手头的工作之后，一样会觉得轻松自如，因为这样的工作并不是负担，我们生命的激情也能在工作中得到淋漓尽致的发挥。

拿我们成人来说：如果一个人喜欢他的工作，把他的工作当作兴趣，每天都能以一种自我满足的心态积极工作，那么对他来说工作就不是什么痛苦的事情，而变成了轻松而享受的游戏。这不仅让他感到了快乐，而且他的精神也会越来越好，根本不可能存在"假累"现象。

我们可以想象一下：当一个人能有机会拥有最大可能的满足，而且通过

孩子对某项活动兴趣浓厚时是不会觉得累的

做某件事，他将挑战和征服自己，这个时候无论他多么累，都会感到无比骄傲和快乐的吧？这时候，他在精神上会感到疲倦吗？不，事实上，他会感到自由和满足。

同样的道理，如果孩子在自己感兴趣的日常生活练习或智力游戏上"忙碌"一段时间后，父母也不要一厢情愿地认为孩子一定是累了，前去打断他的活动，强迫他休息。因为这个时候，孩子不一定是真的累了。如果父母这样做了，反而会打断孩子心理的正常发展。

对此，我们不妨看这样一个例子：

一个对心理学一知半解的老师也理所当然地误认为，孩子做了那么多的事一定会累。所以，每当孩子们忙碌一阵之后，老师就会打断孩子们的活动，带着孩子们到操场上去透气，等孩子们在操场溜达一圈或者玩耍一会儿后，再把孩子们带回教室。

可此时孩子们会比没到操场玩之前更好动，更没有办法专心完成手头的工作。孩子们会继续从一项活动转移到另一项活动，这种"假累"现象也会一直持续下去。

老师对此往往感到无可奈何，他觉得自己用尽了各种办法，想让孩子休息或换一个地方玩，可是都不管用，孩子不但无法继续做原来的事，还会变得更加好动不安起来。

诸如此类的父母和老师看上去都很努力地迎合孩子，但为什么效果却很差呢？因为他们缺乏对孩子必备的信心，没有尊重孩子的自主权。这些父母和老师虽然尽了全力，他们的每一项建议和计划也都很完善，但他们没意识到，他们总是习惯干预和指导孩子。这样做反而阻碍了孩子的自然发展，妨碍了孩子原本能从中得到的启迪和智慧。

只有自己找到心智深处尚未被发现的潜能，孩子焦躁不安的心情才能得以平息。所以，如果父母和老师能够尊重孩子的自由，对孩子有信心，如果他们能够把所知道的东西暂时放置一边，谦虚一些，不再对孩子指手画脚，如果他们懂得耐心等待，就一定会看到孩子身上所发生的惊人变化。

当然，我们还要注意这样一点：如果孩子重新选择的工作比之前的更容易，那么他的心情将更不安。想要再次完成这项新的活动，就必须吸引孩子的全部注意力。与此同时，外界还不能轻易去打扰他。当孩子完成他的重要活动之后，脸上会表现出和"假累"完全不同的表情——他的眼睛炯炯有神，看起来很平静，整个人也似乎充满了活力和朝气。

12 孩子也需要工作

成人工作只是为了赚钱,小孩工作则是为了发展自身,他们的工作将影响他们的一生。

✤✤✤✤✤✤✤✤✤✤✤✤✤✤✤

成人普遍都认为,孩子应该养尊处优,什么工作都不用干,每天都应该是衣来伸手,饭来张口。

然而事实真的如此吗?不是的,孩子也应该是个工作者和生产者。

我这样说也许很多人会不理解,但孩子的工作是真实存在的,只不过孩子的工作与成人的工作截然不同而已。成人工作一般是为了实现一个愿望,比如完成一个任务,或者只是为了赚钱,孩子工作则不是这样,他们在工作的时候并不怀有某种目的,他们工作的乐趣就是工作本身,是为了完善其各方面能力的。

孩子的"工作"可以完善他们各方面的能力

虽然我们这样说，但孩子自己在工作当中，并没有察觉自己正在完善能力，他们只是觉得好玩，只是被某项活动、某个游戏、某个事物吸引了，觉得这个东西太有意思了！

可以说，在这个成长的过程中，孩子一直是无意识的，然而他们就是在这无意识的过程中得以成长和提高的。

他们像认真的学生一样遵循自己的学习计划，不断协调着自己的运动并且积累情感、智力，同时，还不知疲倦地学会说话、站立、行走和奔跑。

当然，他们还要通过不断积累经验、化解痛苦和战胜困难等方式使自己不断地完善起来。

成人总是低估孩子的工作，实际上孩子们的工作比我们成人的工作更为重要。成人工作只是为了赚钱，小孩工作则是为了发展自身，他们的工作将影响他们的一生。所以，成人应该多给孩子提供一些有益的活动和游戏，这是孩子的工作，他们会在这些工作当中健康成长和发展。

13　母爱是孩子成长的阳光

一个幼小的生命需要在爱的包围下才能健康成长。一旦爱的环境缺失，对于孩子来说，不仅他的心灵会受到伤害，他的身体也将备受痛苦。

✠✠✠✠✠✠✠✠✠✠✠✠✠

很多人常常会有这样的想法：我们已经给了孩子们生活必需的用品，如漂亮的玩具、美味的佳肴，他们还有什么不满足的呢？

是的，我们对孩子的照顾已经够周到了，吃的喝的面面俱到，已经没有什么能够再提供给他们的了，但是成人只是做到这样就够了吗？远远不够。

或许，看完下面这个例子之后，我们就能明白，我们还需要给孩子一些什么。

在一家慈善育儿机构里，有一个小男孩长得很丑，因此遭到了母亲的嫌弃。不过幸运的是，那位看护他的阿姨非常喜欢他。一天，善良的阿姨告诉孩子的母亲："你的孩子真是越来越漂亮了。"听到这一消息，妈妈便去看望那个小男孩，但她很快就失望了，她发现她的孩子还是那么丑，一点儿也没改变。过了一段时间，看护阿姨又对孩子的妈妈说，她的孩子又变漂亮了。妈妈将信将疑地去看望孩子，发现孩子真的比以前精神很多，言语间也多了几分灵气和活泼，看上去确实漂亮了。妈妈不由得感到震惊：是什么让孩子变得容光焕发了呢？

也许孩子就是在伟大的爱的影响下改变了。

看护阿姨到底给了男孩什么呢?她好像什么都没给,然而又什么都给了。而那位妈妈呢,看似为孩子提供了一切,其实她什么也没有给孩子。

现在,你明白了吗?孩子缺少的是爱。

一个幼小的生命需要在爱的包围下才能健康成长。一旦爱的环境缺失,对于孩子来说,不仅他的心灵会受到伤害,他的身体也将备受痛苦。

作为父母,我们一定要清楚,光是提供丰衣足食与漂亮的玩具,对孩子的成长而言是远远不够的,孩子的健康成长需要依靠灵魂的快乐,需要爱的滋润。

孩子需要在充满爱的环境中成长

在荷兰,一些失去父母的孩子被安置在一所慈善机构里,他们看似处在一种很完善并且管理科学的环境之中——那里不仅有营养丰富的食物,还有受过最新观念训练的护士。但奇怪的是,没多久这里发生了一场传染性疾病,许多孩子在疾病中死亡。而在当地,其他由低收入父母照顾的孩子反而没有患这种病,而且比这些受到特殊照顾的孩子还要健康。

这是为什么呢?

经过人们的研究发现，原来这些夭折的孩子是因过早缺乏母爱，导致心理患上疾病。后来那些受过训练的护士开始用母亲对待子女的方式对待这些孩子，平时注意多抱抱孩子们，经常对他们露出微笑，并和他们一起做游戏。

这时候奇迹出现了，孩子们又逐渐恢复了笑容与健康，并且以后再也没出现孩子意外死亡的事故。

作为父母爱的结晶，幼小的生命需要在一个充满爱的环境里生长。法国生物学家法布尔在总结物种延续的问题时也曾提出，父母对孩子的爱，不仅是因为他们有天赋的自卫武器，更由于有一种伟大的母性本能。

所以，我们对孩子的爱也要出于情感的需要，而不是刻意而为。这种情感与慈善家、宗教家或社会活动家所要唤起的同情之爱是不一样的，那是一种自我牺牲、无怨无悔的奉献之爱，而对于父母来讲，他们所做出的这种牺牲是十分自然的，是发自内心的。

母爱是一种伟大的力量，然而，随着时代的变迁和社会的发展，许多自然赋予母亲的本能已经受到压抑或者消失了。以前，母亲在用母爱保护孩子的同时，还会本能地带孩子到各种地方，而这也正好为孩子敏感期的发展提供了所需要的成长环境，但现在的妈妈们已失去了这种本能。

作为母亲，我们必须重拾这种失去已久的母性本能。在这里，我们强调母爱，是因为母爱和孩子自然发展是一样重要的，两者相辅相成，母亲们必须认识到：我们一定要在孩子一出生时就给予他心灵的保护，不要只是在表面上满足孩子生理上的需要。

第五章

儿童的精神世界
——蒙台梭利对儿童精神世界的探索

◆ 对孩子来说,每一样东西不仅应该井然有序,而且应该跟他们的需要相适应。

◆ 每一项含有纠正错误意味的练习,例如这种以安静制止噪音的练习,对儿童而言是极有帮助的。重复这种练习能使儿童表现出完美的行为。

1 重复练习

虽然孩子处于全神贯注、忘却外部世界的状态并不多见，但却有一种奇怪的行为，几乎所有的孩子都经常表现出来，这就是"重复练习"。

✥✥✥✥✥✥✥✥✥✥✥✥✥✥

我特别注意到这样一件事：

一个大约3岁的小女孩不停地把一些圆柱体放进容器中，然后又从容器中取出来。这些圆柱体大小不同，正好可放进容器中相应的孔，就像软木塞盖住瓶口一样。我惊讶地发现，年幼的孩子竟能聚精会神一遍又一遍地进行这项练习。她的动作缓慢而有节奏，重复不停。

为了测试女孩的专心程度，我还特意为她制造了一点儿干扰，比如：我让其他的小孩唱歌或者到处走动；我轻轻抬起她正坐着的小椅子，并把它放到小桌子上。但当我抬起小椅子的时候，她一下子抓住正在操作的物体，把它们放在自己的膝盖上，继续自己的工作。

外界的干扰没有给这个孩子造成丝毫的影响！

一开始注意到女孩在做这件事情的时候，出于好奇，我开始数她重复的次数，结果，我惊讶地发现，女孩做这个工作竟有42次之多。

她做完42次之后才停下来，仿佛刚刚从梦中苏醒过来一样愉快地微笑着。她的眼睛炯炯有神，好像完成了一件非常了不起的大事。

我们都知道，0~3岁的孩子正处于一个注意力不能持久的时期，他们的注意力会不停顿地从一件事情跳到另一件事情上。然而，这个女孩能专注地做相同的工作42次，以致她根本感觉不到外部的刺激。而且每次经历这种体验之后，他们就像经过休整的人，充满着活力，仿佛感受到某种极大的欣喜。

虽然孩子处于全神贯注、忘却外部世界的状态并不多见，但却有一种奇怪的行为，几乎所有的孩子都经常表现出来，这就是"重复练习"。

比如说，孩子的手脏了，妈妈要求他去洗干净。后来发现，他的手已经洗得很干净了，但他还在不停地洗。到晚上睡觉的时候，他还会去再洗一遍。过了几天妈妈发现，她的孩子现在已经会自觉地洗手了，孩子见人就会自豪地伸出干净的小手给他们看。

他们一次又一次地重复练习，并没有任何外在的原因。这种现象还会不断地在其他活动中发生，一项活动的各种细节越是被教得详细，它就越可能成为孩子重复练习的对象。

孩子有时会一次又一次地重复练习，即使没有任何外在原因

其实，孩子们的这种重复练习，正是其锻炼和学习的需要。通过反复的练习，他们的各种生活能力得以完善，智力也随之得到发展。只要我们在一开始教得仔细，甚至细致到每个细节，那孩子们就会不断地重复这个练习。

因为他们在一次次的尝试中获得了我们难以想象的乐趣和满足，这种学习根本无需大人强迫，他们自己会完成得很好。

正是通过这种看似毫无意义的重复练习，孩子的能力才得到了锻炼和提高。而且在这一重复练习的过程中，他们的注意力也会一直处于忘我的境地，这对孩子智力的培养也起到了很有益的作用。

第五章 ◇ 儿童的精神世界——蒙台梭利对儿童精神世界的探索

2 自由选择

当孩子迸发出学习的热情时,不仅对秩序、重复训练非常着迷,而且还有一种自由选择的需求。

✦✦✦✦✦✦✦✦✦✦✦✦✦✦✦

在学校,孩子们摆弄的一些物品是由教师分配给他们的,使用完以后再由教师把它们放回到原来的地方。一位教师说,每当她收回这些物品时,孩子们常常就会从座位上站起来走到她的跟前,不管她怎么费尽心思想要孩子们回到他们的座位上,他们总是会又来到她跟前。因此,这位教师认为孩子们不听话。

如果我们认真观察整件事情,就会发现事情并不是这个样子。我们还应该看到另一个事实:孩子们摆弄的那些物品都是由教师分配给他们的,使用完以后再由教师把它们放回原来的地方。

假如我们换一种方式呢?让孩子们自己把这些东西放回到他们摆弄它们前所在的地方。

结果是令人惊喜的,孩子们着迷于把物品整齐地排列起来,一切井然有序。如果一个孩子摔坏了一只玻璃杯,其他孩子就会一起动手把玻璃片收拾干净。

其实,孩子一出生,就具备了探索周围世界的潜能,对所有细小的事物感兴趣,充满好奇心。当孩子迸发出学习的热情时,不仅对秩序、重复训练非常着迷,而且还有一种自由选择的需求。

再拿上面那位教师的例子来说：

有一天，这位教师把一只盒子打翻在地上，盒子里装着80多种渐次变化颜色的小方块。当时她真是不知道怎么办好，因为要把这么多不同色彩的小方块排列起来是很困难的一件事。这时候孩子们跑了过来，让人感到吃惊的是，他们迅速地把小方块按正确的色彩顺序排列起来了，表现出一种远远胜过我们成人的惊人敏感性。

还有一次，这位教师到校迟了一点，而事先她又忘了锁柜子。当她赶到学校之后发现，孩子们已经把柜子门打开了。许多孩子围着它，还有些孩子正取出教具把它们搬走。这位教师把这看作一种偷窃行为，认为这些孩子如此不尊重学校和老师，以至于偷窃，应该严肃处理。

对于第二件事，我的看法则与之相反，我把这件事看作一个标志，即儿童现在已经充分认识了这些教具，以致他们已经能作出自己的选择了，情况也证明确实如此。

这也标志着，现在他们可以根据自己特殊的爱好选择工作。从这时开始，我们制作了较低的柜子，这样孩子可以拿一些与他们的内在需要相应的教具。因此，重复练习的原则又加上了自由选择的原则。

儿童自己所做的自由选择，使我们能看到他们的心理需要和倾向。其中最有趣的一个发现是，孩子并不会选择我们为其提供的所有教具，而只选择某些同一类型的东西。他们总是去挑选同样的东西和一些自己明显偏爱的东西，其他的则很少被他们留意到，以致落满了灰尘。

我常把所有的教具拿给孩子看，让教师分给孩子，并向他们讲解如何使用这些东西，但孩子从不主动再次使用其中的一些教具。

于是我明白了，对孩子来说，每一样东西不仅应该井然有序，而且应该跟他们的需要相适应；只有消除了教具混乱的情况，去掉不必要的教具，孩子的兴趣和专注才会油然而生。

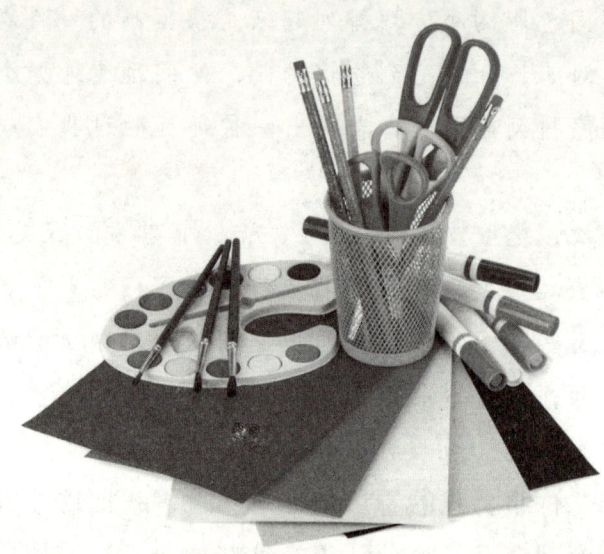

每一样东西，不仅应该井然有序，而且应该跟孩子的需要相适应

③ 玩 具

孩子们视游戏就如同我们下棋或打桥牌一样，只是闲暇时的一种快乐消遣。如果强迫他们长时间从事这种游戏，他们就会感到痛苦。

✤✤✤✤✤✤✤✤✤✤✤✤✤✤

在我们的"儿童之家"里，虽然孩子们可以玩一些确实称得上昂贵的玩具，但没有一个孩子愿意去玩。这使我感到惊讶，于是我决心帮助他们玩这些玩具。

我教他们如何拿小碟子、如何在小厨房里点火，并在他们附近放一个可爱的娃娃。但孩子只会有片刻的兴趣，然后就各自走开了。

进而，我认识到，在儿童的世界中，游戏也许只是其中很小的一部分，由于没有更好的事情要干，他们才会去玩的。

孩子们视游戏就如同我们下棋或打桥牌一样，只是闲暇时的一种快乐消遣。如果强迫他们长时间从事这种游戏，他们就会感到痛苦。当我们有重要的事要干时，打桥牌就会被忘掉。由于孩子手头总有一些重要的事，他们对游戏就不太感兴趣。

因为孩子是不断地从一个较低的阶段转变到一个较高的阶段，所以，他们的每一分钟都是宝贵的，所以，他们会迷恋于对他的发展有帮助的每一件事，而不会对悠闲的工作感兴趣。

4 安静练习

孩子通过学习如何绕过各种物体而不碰撞它们，通过学习如何轻捷地跑步而不发出声响，变得敏捷和机灵。

✦✦✦✦✦✦✦✦✦✦✦✦✦

一天我抱着一个只有4个月的女婴到教室去，她的母亲就站在院子里。婴儿紧裹着襁褓，这是附近地区盛行的风俗。她的脸蛋丰满红润。她是如此的安静，这种安静给我留下了深刻印象，于是我要其他孩子跟我共享这种感觉。

我对他们说："她一声不响。"然后我开玩笑地补充说："你们谁也不能做到像她那样好。"让我极为惊讶的是，孩子们开始异乎寻常地盯着我。他们似乎在专心倾听我讲话，渴望领悟到我的意思。

"注意，"我继续说，"她的呼吸多么柔和。你们谁也不能像她一样平静地呼吸。"惊奇的和一动不动的孩子们开始屏息了。这时出现了一种令人感动的肃静，我们甚至听到了平时难以听见的钟表嘀嗒声。

似乎是这个女婴把平时从来没有过的安静气氛带进了教室。

没有一个孩子做出可感觉到的动作。他们都专心致志地体验着这种安静，并在脑海中再现它。所有的孩子都参与了这项活动。

这并不是出于一种激情，因为激情是一种冲动和外在表现的东西，而这主要来自一种深沉的愿望。所有孩子都十分安静地坐着，尽可能平静地呼吸着，脸上露出一种像那些正在沉思的人一样宁静、专注的神态。

在这令人感动的安静中，渐渐地我们都能听到极其轻微的、如同远处的滴水和鸟鸣那样的声响。这就是我们的安静练习的由来。

一天，我想我可以用这种安静练习来检验孩子听觉的灵敏。于是，我开始在不远处低声叫他们的名字。无论谁听到自己的名字就必须走到我跟前来，走的时候不要发出任何声响。我想，这种耐心等待的练习对这些孩子来讲是一种磨炼，因此，我带了一些糖果和巧克力，用来奖励那些达到这些要求的孩子。但是出乎我的意料，他们拒绝拿这些糖果。他们仿佛在说："不要玷污我们美好的体验。我们的心灵一直是欣喜的。不要分散我们的心思。"

我终于认识到，孩子不仅对安静敏感，并且对叫他们的声音也很敏感，即使这种声音在安静环境中几乎很难听到，他们也会踮起脚尖慢慢地走过来，并且小心翼翼地不碰撞任何东西，以免发出可听到的声音。

孩子们不仅对安静很敏感，对叫他们的声音也很敏感

后来我又认识到,每一项含有纠正错误意味的练习,例如这种以安静制止噪音的练习,对孩子而言是极有帮助的。重复这种练习能使他表现出完美的行为,而这些仅仅通过语言教育是难以获得的。

孩子通过学习如何绕过各种物体而不碰撞它们,通过学习如何轻捷地跑步而不发出声响,变得敏捷和机灵。他们对自己能完美地完成这些动作而感到高兴。他们兴致盎然地去发现自己的潜力,并在他们的生命力不断展现的神秘世界中锻炼着自己。

5　精神的升华

当在精神生活中得到自我升华时，孩子们会自愿地拒绝这些无用的、外在的乐趣。

✤✤✤✤✤✤✤✤✤✤✤✤✤✤✤

我花了很长时间来研究儿童拒绝糖果这个现象，并肯定在他们拒绝拿糖果的背后有一个更深层次的原因。

众所周知，孩子大多喜欢吃糖果，因此，这种拒绝对我而言是如此难以琢磨，以致我决定做进一步的试验。

我随身携带一些糖果到学校去，并要把它们送给孩子，但孩子拒绝接受或者把它们放在罩衫的口袋里。由于他们都很贫穷，我认为他们可能想要把这些糖果带回家去。于是，我对他们说："我给你们这些糖果，你们可以把它带到家里去。"

他们接受了这些糖果，虽然放进了口袋，却不吃它。

孩子为什么会有这样的表现呢？

后来他们的教师去看望其中一个生病的小孩时，发现了其中的原因。原来，孩子是非常珍惜这种赠物的。生病的小孩十分感谢老师的来访，他打开一只小盒子，取出一大块他在学校中得到的糖果给老师吃。这诱人的糖果已经存放在小盒子里好几个星期了，而这个孩子却一直没有去碰它。

这种态度在这些孩子中是如此寻常，它是孩子内部的一种自发的和自然的发展。没有一个人想到要教他们忍耐和放弃糖果，或者不现实地对他们说："孩子既不应该玩耍也不应该吃糖果。"然而，当在精神生活中自我得到升华时，孩子们会自愿地拒绝这些无用的、外在的乐趣。

第五章◇儿童的精神世界——蒙台梭利对儿童精神世界的探索

6 尊严感

孩子有一种强烈的个人尊严感。通常情况下成人往往意识不到他们是很容易受到伤害和遭到压抑的。

✢✢✢✢✢✢✢✢✢✢✢✢✢

有一天,我给孩子们上了一堂有点儿幽默感的课:怎样擤鼻涕。

我给他们示范了运用手帕的不同方法,最后还指导他们如何能做到尽量不引人注目。我以一种他们几乎不能觉察的方式拿出手帕,并尽可能轻地擤着鼻子。孩子们凝神注视着我,没有一个发出笑声。然而,我刚结束示范他们就热烈地鼓起掌,掌声就像在剧场中那样长久热烈。这使我感到纳闷,我从来没听到过这些小手拍出这么响亮的声音,我也没想到这些孩子会那么热烈地鼓掌。

然后,接下来我想明白了,也许我触及到了他们在生活中的敏感点。的确,孩子在擤鼻子方面特别困难,而且在这件事上他们屡屡遭人责备,所以,他们对此也十分敏感。他们听到的叫嚷和辱骂的语言强烈地刺伤了他们的自尊心。然而,为了不丢失手帕,他们在学校里还得把手帕惹人注目地别在围兜上,这更是将这种伤害加剧。

但没有一个人真正地教他们应该怎样擤鼻涕。当我这样做的时候,他们感到他们的收获抵偿了过去的羞辱,而他们的鼓掌表明,我不仅公正地对待了他们,并且教给了他们一种应对尴尬的经验。

和孩子们长期相处的经验告诉我，这正是对这件小事的正确解释。我逐渐认识到，孩子有一种强烈的个人尊严感。通常情况下，成人往往意识不到他们是很容易受到伤害和遭到压抑的。

而我因为触及到了这些孩子最敏感之处，而为他们所喜爱。比如，某一天当我要离校时，孩子们开始呼喊起来："谢谢你，谢谢你上的这一课！"当我离开大楼时，后面跟着一支静悄悄的队伍，直到我最后对他们说："你们回去吧，踮着脚尖奔回去，小心不要撞到墙角。"他们才转过身，飞一般地消失在门背后。

当参观者来到这所学校时，孩子们的表现更是让我感到吃惊——他们表现得有尊严和自重。他们知道如何热情地接待这些来访者，给这些来访者看看他们是怎样进行工作的。

曾经有一次，有人预先通知我们，有一个重要人物想要单独跟这些孩子在一起，以便能够观察他们。我告诉一位教师："顺其自然吧！"然后面对孩子我又说："明天有一位客人要来。我希望他会认为你们是世界上最好的孩子。"

后来我问这位教师这次访问进行得如何，她回答说："很成功。有些孩子给客人一把座椅，礼貌地说：'请坐。'其他的孩子说：'你好。'

孩子也会有一种强烈的个人尊严感

当客人要离开时，他们把身子探出窗外叫道：'谢谢你的来访，再见！'"我问："你为什么要教他们这样呢？我告诉过你不要做任何特殊的事情，要让孩子们随自己的意愿行动。"她回答说："我没有跟孩子讲任何事情。"然后她继续说孩子们比平时更勤奋地做各种作业，所有的事都干得很出色，令来访者惊叹不已，大受启发。

有时候我也怀疑教师对我所说的这些话，甚至担心她也许给予了这些孩子特殊的指导。但最后我领悟到，孩子已经具备了他们自己的尊严感。他们尊重他们的客人，他们因能向客人表演他们所能做的事情而自豪。

现在，他们的生命自然地展现，就像莲花散发出芬芳的花香时，伸展出白色花瓣以接受阳光的哺育。重要的是，孩子自己也渐渐发现在他们成长的道路上，他们无需掩盖，无需害怕，无需回避。

7 自发的纪律

这些孩子是机灵的、活泼的,但又总是镇静自若的,他们的身上时时散发出一种精神暖流,使跟他们接触的成人从心底里感到振奋。

✤✤✤✤✤✤✤✤✤✤✤✤✤

尽管有时候孩子的举止看起来比较自由,但总的来说他们给人的印象还是很有纪律的。他们安静地工作,每个人都全神贯注于自己的事情。他们去拿或去换他们所要操作的物品时,都是安静地走来走去。

他们或许会离开教室,到院子里张望一下,然后又会回来。他们执行教师的吩咐效率快得惊人。有位教师就这样告诉我:"他们完全照我所说的去做,以致我深刻感到,我必须对我所说的每一句话都负起责任。"

事实上,假如她要求孩子进行安静练习,那么在她说完要求之前,孩子就会一动不动。然而,这种表面的依从并没有阻止他们独立地活动,也没有妨碍他们按自己的喜好安排自己的一天。他们会拿他们工作所需要的物品,并把学校整理干净。如果教师来迟了或单独让孩子们留在教室中,一切仍旧会照常进行。让参观者最惊讶的是,他们可以成功地把秩序和纪律与自发性结合在一起。

即使在十分安静中也能体现出极好的纪律,几乎在下命令之前就表现出良好的服从,这些美德的源泉是什么呢?

这些孩子是机灵的、活泼的，但又总是镇静自若的，他们的身上时时散发出一种精神暖流，使跟他们接触的成人从心底里感到振奋。许多和他们接触过的人都得到了这种情感体验。

比如，一次，一个孩子走到一位居丧的妇女面前，他的小脑袋倚着她，然后拉着她的一只手，用自己的双手握住。后来，这位妇女深情地说，没有一个人能像这些孩子一样给她那么多的安慰。

还有一次，总理的女儿和阿根廷共和国大使来参观"儿童之家"。这位大使曾提出，对他要作的访问不必事先通知，这样就可以证实他经常耳闻的那些有关儿童的自发性的行为。然而，他们一行到达学校时，才知道因为当天是假日，学校不开门。当时，院子中的一些孩子走上前来，其中一个相当自然地解释说："今天是假日，但这没有关系。我们都在这幢大楼里，而且，门卫有钥匙。"于是，这些孩子跑到各处去叫他们的小伙伴。教室的门打开了，他们都动手工作起来。他们奇迹般的自发性行为无疑再次得到了证实。

这些孩子的母亲对所发生的一切也经常赞叹不已，并跑来告诉我在她们的家里所发生的事。她们说："这些三四岁的小孩，如果不是我们的小孩，那他们所说的话肯定会令我们恼火的。例如他们说：ّ你的手多脏，该洗一洗了。ّ或者说：ّ你应该擦掉衣服上的脏东西。ّ当我们听到他们对我们说这种话时，我们并不生气，他们的告诫，让我们感觉仿佛是在做梦一样，那么的奇妙。"

8 识 字

对孩子而言，识字其实是对自己头脑中的一个词进行研究和分析，并且寻找组成这个词的语音。

✤✤✤✤✤✤✤✤✤✤✤✤✤✤✤

一天，有两三位母亲来找我，请求我教她们的小孩识字和写字。这些妇女本人都是文盲，她们以自己和其他家长的名义提出这个要求。当时我反对这样做，认为这个要求超过了我原先的设想，但她们一再恳求，我只好答应了她们。

从这之后，一些奇迹慢慢出现了。

我教给这些四五岁孩子的是一些字母，并让一位教师用硬纸板做成这些字母的模型。其中，有些字母是用砂纸做的，这样孩子就可以用手指在上面顺着字形写，并且感知它们的形状。

我把这些字母放在写字板上，把形状相似的字母归在一起，使得孩子在触摸这些字母时，能够顺着字形进行相同的描摹动作。这位教师

对孩子而言，识字其实是对自己头脑中的一个词进行研究和分析，并寻找组成这个词的语音

第五章◇儿童的精神世界——蒙台梭利对儿童精神世界的探索

对这种安排十分满意,也就没做更多的事去帮助这些孩子。

我不理解这些孩子为什么如此激动。他们把这些字母像旗帜一样高举起来,列队绕圈行走,并且欢快地高呼着。这是为什么呢?

我曾经看到的一幕,让我对此有了更深的思考:

有一天,我惊讶地看到一个小男孩独自在走路,一边走口中还一边不断地重复着:"要拼'sofia'这个词,必须要有一个's',一个'o',一个'f',一个'i'和一个'a'。"然后他重复说字母拼成一个词。

通过对他的观察,我得出这个结论:对孩子而言,识字其实是对自己头脑中的一个词进行研究和分析,并且寻找组成这个词的语音。依靠这种希望有所发现的浓厚兴趣,他终于认识到,这些语音中的每一个都对应着一个字母。

9 书写与阅读

孩子们不大喜欢阅读别人所写的东西，很可能是他们还不能读出这些字的缘故。

✤✤✤✤✤✤✤✤✤✤✤✤✤✤

书写依赖脑和手。作为文字发展的自然结果，书写的出现是合乎逻辑的。

但在孩子自学书写之前，我并没有意识到这一切。

这是在第一所"儿童之家"里发生的最伟大的事情：

第一个学会写字的孩子是那么的惊奇，以致他高喊着："我已经会写字了，我已经会写字了！"孩子们兴奋地围上去看着他用粉笔写在地板上的那些字。

"我也会，我也会！"他们叫嚷着跑开，各自寻找着书写的地方。有的人簇拥在黑板的周围，有的人趴在地板上，他们都开始练习写字。

他们想要写字的冲动就像一股急流，再也不可阻挡。

他们在家里到处写，门上、墙上甚至面包上，都留下了他们勾画的痕迹。这些孩子只有4岁左右，他们在书写方面显露的才能是我们完全没有料到的。

我们完全怔住了，仿佛目睹了一个奇迹的诞生。在这以前，我们曾收到一些插图精美的书籍，但现在当我们把这些书籍发给这些孩子时，他们表现得很冷淡。他们知道，虽然这些书中有精美的图片，但现在这些东西只会使他们分心，使他们不能全神贯

注于书写这项新的、吸引人的工作。

此时此刻，可以肯定的是，他们现在想要写字而不是要看图片。因此，我们决定撤开这些书，等待一个更有利的时机，培养他们对书籍的兴趣。

在和孩子接触中，我渐渐得出这样一个结论：孩子们不大喜欢阅读别人所写的东西，很可能是他们还不能读出这些字的缘故。因为，当我大声地念出他们所写的字时，大多数孩子会转过脸来愣愣地看着我，似乎在问："你是怎么知道的？"

当我意识到这一点之后，开始有意地引导孩子们把读和写结合起来。比如，当我在一张白纸上描字时，他们注视着我的手，并逐渐认识到，我正在跟说话一样表达我的思想。他们一认识到这一点，就开始拿起我写过字的那些纸，把它们带到角落里，试图阅读它们。他们只是默读这些字，并未发出声音。在他们这样做的时候，我发现，那些由于努力思索而紧皱的脸蛋突然露出了一丝笑容，并且他们开始高兴地蹦跳起来，仿佛隐藏在他们体内紧压的弹簧突然放松了。

面前的情景告诉我，他们已经理解我所写的这些字了，我所写的每一个句子都包含有一个我曾经用口头语言表达过的"命令"："打开窗户""到我跟前来"，等等。这就是他们阅读的开始。他们最终进展到能够阅读包含有复杂命令的长句子。

但另一方面，这些孩子似乎只把书写理解成表达自己思想的另一种方式，就像言语本身一样。

当参观者来到时，过去在致欢迎词时喋喋不休的孩子们，现在大多数都保持安静。他们会站起来，走到黑板前写"请坐""谢谢你们来访"，等等。他们渐渐迷恋上了书写。

比如，有一天，我们正在谈论西西里岛所发生的巨大灾难：地震彻底毁坏了这个城市，导致数千人死亡。这时，一个大约5岁的孩子站起来，走到黑板前写道："我感到遗憾……"我们注视着他，估计他将对所发生的事情表示一些看法。然而他继续写道："我感到遗憾，我只是一个小孩。"在成人看来，这肯定是一种奇怪的言论，但这小家伙又接着往下写："如果我是大人，我就会去帮助他们的。"

瞧！他已经写出了一篇小文章，我们甚至能通过这些文字看到他内心的善良。

还有一件更令我们感到惊讶的事情。

当我们正在准备一些材料教孩子识罗马字母，以便我们能对这些书做又一次尝试时，这些孩子开始阅读在学校中所能发现的一切印刷体的文字，虽然有些文字很难辨认，例如日历，因为日历上的字是用哥特体的铅字排印的。就在同时，这些孩子的父母也跑来说，他们的小孩在街上停下来读商店招牌上的文字，因此他们无法跟孩子一起走路。

很明显，这些孩子更感兴趣的是理解这些字而不是阅读这些字。这是一个直觉的过程，就像成人辨认刻在岩石上的史前文字一样，只需弄明白含义、辨认出来，就足够了。

这使我们认识到，如果我们匆匆忙忙地对孩子解释这些印刷符号，很可能就会扼杀他们的阅读兴趣和强烈的探究力。过早地强求他们通过阅读书本来识字，也会产生一种消极的影响。追求这些并不很重要的东西，会削弱他们生气勃勃的心灵能量。

于是，在很长的一段时间里，这些书一直保存在柜子里，直到后来孩子们自动自发地渴望阅读这些书。那是以一种很有趣的方式开始的：

一天，一位孩子很激动地走到学校里来。在他的手中捏着一

张被揉皱的纸,他悄悄地对另一位同伴说:"你猜这张纸上有什么东西?""什么也没有,这只是一张破纸。""不,这张纸里有一个故事。""有一个什么故事?"这吸引了一群好奇的孩子。这个孩子拿着这张从一堆废纸中捡起来的书本上散落下来的纸,开始读起来,读了一个故事。

于是,他们理解了一本书的意义,书本成为了他们迫切需要的东西,然而,当孩子发现书本中有些内容读起来非常有趣时,许多孩子就会把这一页撕下来带走。那些可怜的书啊!在它们的价值被发现的同时,它们本身竟也开始遭到破坏。

学校的秩序变得混乱起来了,在他们能书写和学会尊重这些书本之前,我们必须阻止这些由于喜爱而变得具有破坏性的小手。

10 纪律与自由

自由就是灵活性。纪律必须通过自由来实现。

✣✣✣✣✣✣✣✣✣✣✣✣✣

在"儿童之家",经常发生这样的事情:一教师把用过的教具放回到盒子里,一个孩子就会走近盒子,并拿起教具,想模仿教师。

这种情况下,教师第一想法就是先让孩子回到座位上,于是他对孩子说:"别动,回到你的座位上。"

在他这样说的时候,他一点儿都不知道,其实,孩子只是想通过这个来表达他们想成为"有能力的人"的欲望。对教师来说,这是教会孩子东西要摆放有序的最好时机,可惜却被他忽视了。

很多时候,我们需要给予孩子一些自由行动的权利,然而遗憾的是,很多人,不管是父母还是教师,都不能很好地辨别和区分什么时候该给孩子自由,什么时候不能给。

就像我们学校的一个例子:

有一天,一群孩子有说有笑地围成一个圈,圈中间是一盆水,水里浮着一些玩具。有一个两岁半的小男孩,被挡在了圈外,很显然,他的眼神里充满了好奇。我在远方很有兴致地观察着他:

他首先走近那些孩子们,试图挤进去,但他不够强壮,根本挤不进去。接着他站在那里看着他的周围,他脸上的表情非常有趣。我真希望有一架照相机能把这个情景照下来。

这个时候,他看到了一张小椅子。看他的样子,他似乎打算

把它放在这群孩子的后面,然后爬到椅子上。他开始向椅子走去,脸上闪烁着希望的光芒。但就在这个时候,教师用双手"残酷"地(或者说他可能只是轻轻地)抱起了孩子,把他举过其他孩子,让他看到了这盆水,说:"来,可怜的孩子,你也可以看到的。"

毫无疑问,小男孩看到了浮在水中的玩具,但他没有享受到用自己的力量克服困难所得到的快乐。对孩子来说,看到那些玩具并不是我们真正想看到的结果,他为了看到那些玩具,自身所做的努力对他内心智慧的开发才是最为可贵的。

我们不得不遗憾地承认,在这个事例里,教师阻碍了孩子的自我教育,没有给他任何补偿的机会。这个小家伙本打算让自己成为一个征服者,但最后他被压制在一双手臂之间,无能为力。孩子脸上那高兴、焦急和充满希望的表情,慢慢消失了,留在脸上的只是孩子知道别人会为他做任何事情的傻傻表情。

当我对教师讲解了我的观察后,他们开始允许孩子为所欲为。这下,新的问题又出现了。我发现,有的孩子把脚放在桌子上,有的孩子把手指塞进鼻孔。但现在没有人去纠正他们。我看到有的孩子推搡他们的伙伴。在他们的脸上我看到了暴力的表情。这种

纪律要通过自由来实现,自由是灵活性而不是让孩子们为所欲为

情况也没有引起教师的任何注意。后来，我不得不去干涉一下，向他们指出孩子哪些行为绝对要阻止、哪些行为要逐渐制止，以及他们不能做的行为。只有这样，孩子们才能慢慢地辨别清楚好与坏。

最初一段时间，对教师们而言是最困难的日子。他们要认真观察孩子们有没有混淆好与不好、坏与不坏的概念。当然，所有这些只是因为我们的目标是建立一个积极的纪律、工作的纪律和有益的纪律，而不是一个不动的、被动的和顺从的纪律。

在我看来，孩子们在教室里走来走去，做一些有益的、充满智力的自觉活动，没有任何的粗鲁行为，才是真正的遵守纪律。

在一般的学校里，教师会让孩子一排排坐着，给每个孩子分配一个空间，并告诉孩子保持安静，整个教室就像集会一样井然有序。

当建立了个性化纪律后，我们将安排孩子各就各位，让他们到自己喜爱的位置坐着，然后保持秩序。我们要尽量让他们明白这样的道理，即，这样的安排看起来很好，这样的井然有序是件好事，房间的布置非常好并令人愉快，他们为此应保持秩序，安静地待在教室。

后来，他们真的就安安静静地待在自己位置上了。这是一种教育的结果，而不是强迫接受的结果。让他们明白这个道理，而不是强迫他们按照成人的意志去做，在这个过程中，让他们明白集体主义的原则，这才是最重要的。

明白了这个道理，他们就再也不会不加思考地站起来，大声说话或者坐到另外的位置上了。即使他们这么做了，也只是因为他们希望站起来回答问题，等等。

11 独 立

孩子必须自己做这些事情。我们对他们的责任是,不管在任何时候,都要帮助他们去做一些征服大自然的有益活动。

✢✢✢✢✢✢✢✢✢✢✢✢✢✢

没有独立就没有自由。因此,我们必须促使孩子的个性得到自由、积极的发展,使之最终达到独立。

小孩子从断奶起,就开始努力走上这条独立的道路了。那么,什么样的孩子是断奶的孩子?简单说就是不依赖母乳的孩子,他可以用各种各样的食物来代替母乳。对他而言,可供他食用的食品增多了,尽管在一开始他可能只是局限于一种营养食品,但现在他能在一定程度上选择自己的食物了。

不过,因为他还不会走路,不会洗衣服和穿衣服,所以,他身上还会有一些依赖性;也因为他还不会用清楚简单的语言要东西吃,所以,他在很大程度上仍处于被人控制的阶段。而到了3

教导孩子独立比侍候他更有益

岁时，他就可以在很大程度上独立自由地表现自己了。

生活当中，我们总是习惯性地待候孩子。这种做法是相当危险的，因为这将抑制他们有益的、自发的活动。

大多数人都倾向于认为孩子就像木偶，为此像对待洋娃娃一样给他洗澡，喂他吃饭，从来不会停下来想一想孩子的需求。

但事实是，孩子必须自己做这些事情。大自然赋予了他们进行各种活动的身体条件和智力因素。我们对他们的责任是，不管在任何时候，都要帮助他们去做一些征服大自然的有益活动。如果喂养孩子的母亲没有花费点儿精力教孩子怎么去拿住勺子，然后把它放到嘴里，没有给孩子亲自示范她是怎么做的，这样的母亲就不是一个合格的母亲，她伤害了孩子最基本的尊严。她把他当作洋娃娃，而不是一个完整的人来看待。

我们都知道，教一个孩子自己吃东西、自己洗衣服和穿衣服是一件单调乏味且困难的工作。这需要付出比喂养孩子、给孩子洗衣服和穿衣服更多的耐心。但是前者是教育者的工作，后者则只是仆人的、简单低微的工作，这样的工作尽管对母亲而言很容易，对孩子而言却很有害，因为它关闭了孩子自我学习的大门，并在孩子成长的道路上设置了障碍。

这类父母采取这种态度所带来的后果，实际上是非常严重的。就像那些拥有许多仆人的贵族，到最后不仅会越来越依赖他们的仆人，甚至最终会成为他们的奴隶，而且他们的肌肉由于不运动会变得越来越虚弱，直至丧失了活动的能力。

那些自己什么也不做而只会发号施令的人，他们的思想也会变得非常迟缓。当有一天清醒地意识到自己的处境，想要重获独立时，他将发觉他已经再也没有能力独立了。

如果一些父母仍想让自己的孩子享有特权，那就必须明白这样做的危险后果——不必要的帮助才是自然力发展的最大障碍。

12 奖励和惩罚

儿童经常拒绝奖励，这标志着儿童在尊严感的意识方面的一种觉醒。

✣✣✣✣✣✣✣✣✣✣✣✣✣

有一天，我偶然走进教室的时候，看到班上一个最聪明的孩子脖子上挂着一个很大的希腊式银质十字奖章，这个奖章用一条精致的白色带子系着，而另一个孩子则坐在教室中最显眼地方的一把扶手椅上。

很显然，前一个孩子得到了奖励，而后一个孩子是在接受惩罚。不过当我走进教室的时候，那个教师对孩子没有再进行任何干预。于是我也没有出声，静静地坐在某个地方继续观察。

我发现，得到十字奖章的孩子来回地忙个不停，他把自己用的东西从自己的桌子上搬到老师的桌子上，把其他东西搬回原处。他高兴地忙着自己的事情。他每一次走动都要经过受罚的孩子坐的地方。他的奖章在走动的时候不小心从颈上滑下来掉到了地上，于是受罚的孩子把奖章捡了起来，提着缎带摇晃着，翻来覆去地看，然后对他的同伴说："你知道你掉了什么东西吗？"掉了奖章的孩子转过身，无所谓地看了一眼那个小玩意儿，他的表情好像是在责怪别人打断了他，回答说："我对它无所谓。"受罚的孩子平静地说："你真的无所谓吗？那么让我戴一下吧！"他回答："行，你戴吧。"语气中好像是在说："你让我安静点儿好吗？"

受罚的孩子小心地整理一下缎带，把奖章挂在自己粉红色的肚兜前，这样他就可以欣赏奖章的式样和光泽了。然后他调整一下坐姿，把手搁在扶手上，舒服地坐在小椅子里，神情显得那么轻松愉快。

从这件事，我们就能充分认识到奖励的无效。

还有一件事情，让我更加肯定了这一点：

有一天，一位女士来"儿童之家"参观，这位女士高度赞扬了孩子们，然后她打开了她带来的一个盒子，拿出系着红色缎带闪闪发亮的奖章给孩子们看。她说："你们的老师，会把这些奖章戴在那些最聪明、最优秀的孩子胸前。"

因为我觉得没有必要用我的方法来指教这位来访者，所以就没有作声，让教师接过了盒子。这时，一个静静地坐在小桌旁边、很聪明的4岁小男孩皱着眉头表示抗议，并一次又一次地喊道："别给男孩子！别给男孩子！"

这给了我们一个多好的启示呀！这个小家伙已经知道他属于班上最聪明的孩子之列，尽管谁也没有这么对他说过。很明显，他不希望受到这种奖励的伤害。由于并不知道如何维护自己的尊严，他只好借助于他作为男孩子的特点，不让那位女士把奖章颁发给男孩子！

其实，我们更应该明白，儿童经常拒绝奖

儿童经常拒绝奖励，这标志着儿童在尊严感的意识方面的一种觉醒

第五章 ◇ 儿童的精神世界——蒙台梭利对儿童精神世界的探索

励,这标志着他们在尊严感的意识方面的一种觉醒,而这种情况在这之前并不存在。

至于惩罚,我们曾多次遇到一些喜欢干扰别人而又根本不注意纠正错误的孩子。这样的孩子应该立即由医生进行检查。如果检查结果证明孩子是正常的,我们就要在教室的一个角落里放一张小桌子,让他坐在那里,用这种方式来孤立他。

我们让他坐在舒适的小扶手椅上,可以让他看见自己的同伴们学习,同时给他最喜欢玩的玩具。这种孤立总是能成功地使这样的孩子安静下来。在他的座位上,他可以看到全体伙伴的学习情况,这对他来说是一次比教师讲什么都更有效的直观教学课。渐渐地,他就会明白,如果能成为在他面前忙碌的伙伴中的一员,他将感到非常优越,他就会真的愿意回去和其他孩子一样学习。

此外,被孤立的孩子总是应当受到特别的照顾,就好像生病的小孩应当受到特殊照顾似的。我自己就是这样,一走进教室,首先就直接走向这个男孩,去关心他,好像他是最小的孩子似的。

我们用这种方法教导那些原来不守纪律的孩子,他们都开始很好地遵守纪律了。

对于我们必须进行纪律教育的孩子而言,我并不知道他们的心灵会发生怎样的变化,但可以肯定一点,那就是:经过纪律教育,这些孩子都将变得很好,而且这种良好的态势会持久稳定下去。他们将学会如何学习和如何表现自己,对此他们深感自豪,他们对教师和我也总是表现出亲近之情。

所以,我们也不应该再对儿童进行简单的奖励和惩罚了。

13 小小的总结

说到底,他仍然是个孩子,充满生气、欢乐、真诚、可爱。

✥✥✥✥✥✥✥✥✥✥✥✥✥✥

现在,我们可以描绘一下儿童那神秘的精神世界了。例如,"重复练习"和"自由选择",这些活动展示了真正的儿童。我们看到一个儿童欣喜若狂,毫不疲倦地从事工作,他的活动更像是一种心理的新陈代谢,这种新陈代谢跟他的生命和生长是紧密相联的。但是,他厌恶诸如奖品、玩具和糖果之类的其他东西。他还进一步向我们展现他需要秩序和纪律……

然而,说到底,他仍然是个孩子,充满生气、欢乐、真诚、可爱。他高兴地嚷着,拍着手。他到处奔跑,用宏亮的声音迎接其他人。他对所有的人都友善,喜欢他所看到的东西,努力让自己适应一切。

现在,我们可以把孩子们的偏爱和他们自发地展现自己的方法列一张表。并且,我们还可以加上那些他们所反对的东西。

1. 他们喜欢的东西:

重复练习

自由选择

控制错误

安静练习

社会交往中的良好行为规范

环境中的秩序

个人整洁的照料

感官训练

与阅读分离的书写

书写先于阅读

复述

自由活动中的纪律

2. 他们抵制的东西：

奖励和惩罚

拼字课本

共同的课程

教学大纲和考试

玩具和糖果

老师的讲台

第六章

如何更好地教育——蒙台梭利的方法

◆ 我们可以用余光观察孩子们在做什么，而不对他们进行打扰。

◆ 我们教育的目的就是要帮助孩子自觉地发展心灵、精神和身体的个性，而不是要使他们成为普遍文化中的个体。

① 让孩子做他自己感兴趣的事

让孩子做一些他们感兴趣的事情,不仅有益于他们个性的发展,更有益于他们能力的培养。

✦✦✦✦✦✦✦✦✦✦✦✦✦

我曾试图用学校中的很多物品来激发一位孩子的兴趣,却没能引发他一星半点儿注意的火花。然而有一次,我给他看两块写字板,一块是红色,另一块是蓝色,叫他注意颜色的差异。他立刻就伸出了手,似乎他一直在焦急地等待它们,在一堂课里他就认识了5种颜色。在以后的几天里,他拿起了所有他过去不曾注意的各种物品,逐渐地对所有的东西都感兴趣起来。

还有这样一位孩子:他最初只能维持很短的注意时间,但是后来他对所使用的一件最复杂的物品感兴趣后,渐渐摆脱了这种

孩子一旦发现了某种令他们感兴趣的东西,就学会了聚精会神

注意力无法持久的状态。整整一个星期,他不断地玩这些东西,学会了如何数数和做简单的加法。然后,他开始接触一些较简单的材料,变得对这个教育体系中的所有物品感兴趣。

由此,我们就可以知道,儿童一旦发现了某种能使他们感兴趣的东西,就会渐渐摆脱做事不稳定的状态,从而学会聚精会神。

一位教师还就"兴趣能唤起儿童的个性"问题,做了如下的陈述:

有一对姐妹,一个3岁,另一个5岁。3岁的女孩没有自己的个性,做所有事情时都仿效她的姐姐。如果姐姐有一支蓝色的铅笔,妹妹得不到,就会一直生气,直到她也有一支蓝色铅笔才会开心;如果姐姐吃黄油面包,妹妹也要吃,而且除了黄油面包什么都不吃,等等。这个女孩对有关学校的任何事情都不感兴趣,她只会随时尾随她的姐姐,模仿姐姐做的每一件事情。

然而,有一天,她对红色立方体产生了兴趣。她搭起一座城堡,并多次重复这项练习,完全忘掉了她的姐姐。她的姐姐对此感到迷惑不解,喊住她问道:"为什么我在填圈时你却在搭一座城堡?"那天,这个小女孩获得了自己的个性并开始发展,而不再是她姐姐的简单复制品。

的确,让孩子做一些他们感兴趣的事情,不仅有益于他们个性的发展,更有益于他们能力的培养。

有一个4岁的女孩,她在拿一杯水时从来拿不稳,总会溅出来,即使这个杯子只装了半杯水也不行,所以她总是故意逃避做这件事。但是,在她成功地完成她所感兴趣的另一项练习之后,就开始毫不费力地拿几杯水,而且能做到不溅出一滴水,去全神贯注地给正在画水彩画的同学送水。

与这个例子差不多,一位美国教师给我们介绍了一个同样有趣的事实：

有一个小女孩不会讲话，在学校里只能简单地发出一些模糊的音节。可是有一天，小女孩对固体镶嵌物感兴趣了，就花费大量的时间把那些木制圆柱体从它们的孔洞里取出来，再把它们放回去。她以最强烈的兴趣一遍又一遍地做起来，之后，她跑到教师面前兴高采烈地说："你来看！我会做！"

② 自然教育

人是属于自然的,需要从自然中获取必要的力量,以促使其身心的发育,特别是在孩提时代,这种需求更为迫切。

✣✣✣✣✣✣✣✣✣✣✣✣✣

我们与自然界有着天然的联系,它对我们的身体发育有着显著的影响。

例如,一位生物学家就曾做过这样一个实验:通过隔离装置他把小豚鼠与地磁隔绝,结果发现这些小豚鼠长大后均患有佝偻病。

大自然在孩子的成长中具有不可替代的作用

正是因为自然对于孩子的成长具有这样无可替代的作用,所以,我们必须把自然本身纳入到教育工作当中来,这就好比不要突然强制把小孩从妈妈身边夺走并送进学校一样。

实现这一目标的方法,就是让孩子从事农业劳动,引导他培育动植物,并从中思考自然,理解自然。

下面,我提出几个主要方面:

第一,引导孩子观察生命现象,学会感恩。

孩子与动植物之间的关系,类似于长辈与孩子之间的关系。随着观察兴趣的逐渐增长,孩子关心生物的热忱也会随之增长。同时,孩子就会自然生发出一种感恩之情,去感激妈妈和老师对他的爱护。

第二,赋予孩子更多的责任感,给予孩子更多的快乐。

当他懂得,播种下的植物想要生长就要依靠他细心的浇水,否则植物就会干枯,当他懂得,饲养的动物想要成长就得依靠他勤勉的喂食,否则动物就会死亡,孩子就会渐渐明白对生命该负有的责任,从而变得富有警惕性。

在这样做的过程中,他也会收获巨大的乐趣。比如,他经过长时间耐心地给孵蛋的鸽子送草、送食之后,在一个明朗的晴天,终于看见小鸽子了!昨天老母鸡还一动不动地趴在窝里,今天他就看见它身边出现一群唧唧喳喳的小鸡了!兔笼子里原来只有一对寂寞的大兔,他曾小心地爱抚它们,还偷偷从妈妈的厨房里拿菜叶来喂养它们,终于有一天他在兔笼子里看见小兔了!

在罗马我们还没有建立起动物饲养场所,但在米兰的"儿童之家"养了一些动物,其中有一对美国的小白鸡,它们住在一个小巧玲珑像中国宝塔一样的鸡舍里。鸡舍前用篱笆围出一小片的空地,供它们游戏。每天晚上孩子们都会轮流给鸡舍的门上锁。

他们每天早上高高兴兴跑去开锁,为小鸡送水、送干草,白天细心地照料着小鸡,晚上看小鸡什么都不缺了才上锁。

这里的教师告诉我,在所有的教育练习中,这个练习最受孩子们的欢迎,也最被他们看重。

在"儿童之家"经常会出现这样的现象,当孩子们安静地完成了自己的任务之后,就会三三两两地悄悄站起身,出去瞥一眼自己饲养的动物,看它们是否需要什么。

这里也经常出现这样的事情:一个孩子很长时间都不在教室里,最后老师意外地在喷水池旁发现了他——他正看着阳光照射下闪闪发光的水里游来游去的鱼儿入了迷。

还有一天,我收到了米兰一位教师的来信,她以极大的热情告诉我一个好消息:小鸽子孵出来了!对于孩子们而言,这简直是一个盛大的节日,他们悉心地照顾那些小东西,在一定程度上他们自己好像就是这些小东西的父母。

我想,这是一种真挚的情感,是任何人为的阿谀奖赏无法比拟的。

同样,栽培植物也能使孩子们收获不少的快乐。在罗马的一个"儿童之家",那里沿平台布置了许多的花盆,靠墙根种植了很多攀缘植物,孩子们从不会忘记用喷壶给花浇水。

有一天,我看到孩子们在地上围坐成一圈,静寂无语,等我走上去一看才发现,原来他们是在观看头天夜里开放的一朵灿烂的红玫瑰。他们正沉浸在深深的思索之中。

第三,让孩子更有耐心、更有自信心。

孩子播下一粒种子,直到照顾它开花结果。在这个过程中,他首先看到的是不成型的幼芽,然后它慢慢地生长变化,即从开花到结果;有一些植物发芽早一些,有一些则晚一点儿;落叶植物生长得快一些,果树则慢一点儿。

看到这些变化,孩子最终会获得某种心理启示,在幼小的心灵里萌生出一种智慧,就像农民知道按时耕种那样。

第四，培养孩子对大自然的感情。

在劳动的过程中，孩子的心灵会与他所照料的生命产生一种天然的情感。

当然，最有益于培养孩子对大自然感情的工作，还是栽培植物，因为植物在自然成长过程中给予我们的远比向我们索取的多，它不断地展示着自己的美和丰富性。

比如，孩子栽培蝴蝶花、三色紫罗兰、玫瑰或风信子，播下种子或埋下球茎，或种下果树，按时给它们浇水，最后，那盛开的花朵、成熟的果实就是大自然赐给他的慷慨礼物，而且是相对于少量付出的高额报酬。

这大概就是大自然用礼物来报答耕耘者吧。

总之，人终究是属于自然的，需要从自然中获取必要的力量，以促使其身心的发育，特别是在孩提时代，这种需求更为迫切。

3 肌肉训练

高明的做法是：指导孩子的运动，引导他的行为接近他想要做的运动。

✤✤✤✤✤✤✤✤✤✤✤✤✤✤✤

如果没有指导，孩子的运动就会显得混乱不堪，而运动毫无章法可言恰恰是小孩子的特性。事实上，他"总也闲不住"，并且"到处动这动那的"。这就导致了孩子所谓的"任性""无法无天"和"顽皮捣蛋"。

面对这种情况，大人们通常会限制孩子的活动，一成不变地重复那句丝毫不起作用的话："老实呆会儿。"

实际上，孩子是想通过这种行为来探索那种真正能够对其有益的运动。所以，我们不应再做那种无用的尝试，试图让孩子静止不动是徒劳的。

更高明的做法是：指导孩子的运动，引导他的行为接近他想要做的运动。

这也是这个阶段儿童肌肉锻炼的目标。一旦指明方向，孩子的运动就会朝着正确的目标向前发展，这样孩子自己就能安静地、顺应天性成长，成为一个积极的工作者，一个镇静从容且乐趣十足的人。

在"儿童之家"，肌肉训练包括以下几个方面：

1. 基本运动（如日常生活中的走路、站立、坐、操纵小物件等）；
2. 照顾自己；
3. 家务处理；
4. 园艺劳动；
5. 手工劳作；
6. 体育活动；
7. 韵律活动。

照顾自己的第一步就是穿衣服和脱衣服。我的教学用具中有很多钉有布料或皮革等的四方框，专门用于对孩子们进行这方面的训练。训练的内容有扣扣子、挂钩、系带子等。教师们坐在孩子们身边，慢慢地向他们演示手指的动作，并刻意地把这些动作分解成若干部分，让孩子们看仔细、看清楚。

例如，练习的第一步就是将四方框上的两块布对齐，这样就能把两块布从上到下对正系好。

如果是在四方框上练习系纽扣，教师会给孩子们分段演示这个动作。她先把扣子捏住，让扣子对

穿衣服的练习会让孩子的双手变得熟练和灵巧

准扣眼，然后把扣子完全放进扣眼中，最后还要仔细调整扣子穿过扣眼后的位置。同样，在教孩子们打蝴蝶结时，教师也会把打蝴蝶结的整个步骤分解演示给孩子们看。

如果孩子们能够饶有兴趣地在同一个四方框上反复地进行系扣解扣的练习，他们的双手就会在这个过程中变得异乎寻常的熟练和灵巧，而且一旦有机会，他们就会着魔似的想要给真正的衣服系扣子。

在"儿童之家"，我们经常看到那些最小的孩子不仅想给自己穿衣服，还想帮小伙伴们穿衣服。他们到处寻找这种穿衣服的乐趣，竭尽全力抗拒那些想要帮他们穿衣服的大人们。

教孩子们洗涤、摆桌子等其他活动，也可以采用相同的方式。开始的时候，教师必须参与进来，用准确的动作教孩子们该怎样做，可以说几句话，也可以一句话都不说。教师要教孩子们所有的动作：怎样落座，怎样从椅子上站起来，怎样取放东西并很得体地递给别人，等等。

用这种方法，教师还要教孩子们怎样不发出任何声响地把碟子一个个摞好放到桌子上。

让我们欣喜的是，孩子们学起来毫不费力，在做这些事情的时候，他们还表现出极大的兴趣和令人惊讶的谨慎。在孩子较多的班级里，有必要安排孩子轮流承担诸如家务、上菜、洗碗碟之类的家务劳动。

孩子们很乐意遵守这种轮流制度。我们不必要求他们去做这些工作，因为他们都很自觉——甚至才两岁半的小孩子也毫不例外地主动去做自己承担的那份工作。

至于孩子的手工训练，我们选择了泥塑，也就是用泥土制作小瓦片、花瓶和砖块等。制作这些物品也可以借助一些模子之类的简单工具。最后，孩子们制作的所有小物品都要上釉并放进熔炉中烘烤。孩子们会把自己设计做好的瓦片排成一堵墙壁。他们还能用他们制作的砖块垒造一段围墙，或给小鸡们建造整间的小房子。

在体育锻炼中，最重要的一点就是"踩线"。

我们通常是用粉笔或颜料在地板的一大片空地上画出一条线来。除了一条线，有时也可以画两条椭圆形的同轴线。孩子们学着像钢索演员那样前脚接后脚地踏线而行。为了保持平衡，孩子们也会像真正的钢索演员那样竭尽全力让自己的身体保持平稳，不同的是，孩子们不用担心有什么危险，因为"钢索"是画在地板上的。当然，教师自己也做这样的练习，她向孩子们展示她如何放脚，孩子们就在后面模仿，根本不用她去解释什么。

刚开始时，只有几个孩子跟在教师的后面。在向孩子们展示了该如何行动后，教师就会离开，让孩子们自行练习。

这几个孩子会继续走下去，非常小心地让自己的脚去适应教师刚刚示范的动作，竭力保持平衡，让自己不要从线上"掉"下来。其他的孩子慢慢围拢过来，看他们表演，也开始有些跃跃欲试。过不了多久，线上就会站满摇摇晃晃找平衡的孩子们，他们沿着线圈一直走，低着头仔细地看着他们的脚，脸上是非常认真和专注的神情。

我们也可以播放一些音乐配合孩子们的练习。比如，可以选择一个非常简单的进行曲，进行曲开始的节奏不需要很明显，但要能给孩子们伴奏，激发孩子们的自觉努力的意识。

通过这种方式学会把握平衡后，孩子们走起路来就会显得异

常标准和完美了,并且,除了步法的镇静和从容外,他们还获得了不同寻常的优雅仪态。

"踩线"练习还可以通过其他方式做得更复杂些。最简单的做法是在钢琴上弹奏进行曲,让孩子们伴着节奏训练。不断地重复弹奏同一首进行曲,几天后孩子们就会渐渐找到节奏,用手臂和脚的动作来配合音乐。他们还能用歌曲为他们的"踩线"练习做伴奏。

4 感觉训练

一般来说，感觉分为这样三类：触觉、热觉、重量感觉。

✦✦✦✦✦✦✦✦✦✦✦✦✦✦

毫无疑问，感觉训练的意义是重大的。

一般来说，感觉分为这样三类：触觉、热觉、重量感觉。

触觉和热觉的训练可以同时进行。比如说，在洗澡的时候，人们对热的感觉要比触觉更加敏感些。对触觉训练而言，触摸就是非常有必要的。此外，将双手置于热水中还有这样的好处：可以教会孩子爱清洁，比如当手不干净的时候就不要去接触东西。

所以，我将生活当中的一些概念，比如洗手、修剪指甲等，当做一种准备性的活动，用来为触觉刺激作准备。

例如，我们可以要求孩子在一个小脸盆里用香皂洗手，而在另外一个小脸盆里用温水冲洗干净，接下来，教他们轻轻地将手擦干。通过这种方式，我们可以训练孩子掌握正规的洗手方法。

下一步，我们就要教孩子如何进行触摸，即以怎样的方式来接触物体的表面。

为此，我们可以牵着孩子的手，让他们非常轻微地接触物体表面。

另外一项特殊的技巧是，当孩子触摸物体的时候，我们要让他们闭上眼睛，告诉并鼓励他们可以通过触觉进行更好的分辨，

这样就可以引导孩子在没有视觉的帮助下，区分不同的触感。孩子很快就能学会触摸，并表现出对这种练习的热情。

在这种初步的练习之后，下一步你就可以带着孩子，让他闭上眼睛，然后触摸你的手掌心或者你的衣服布料，最好是丝绸或者天鹅绒质地的。通过这种方式，孩子的触觉就可以得到很好的锻炼。

为此，我还设置了这样一项触觉练习的课程：

教学材料包括：

a. 由两块完全相等的长方形组成的大长方形木块，其中一块应当由非常光滑的纸包裹着，或者将木头的表面抛得非常光滑，另外一块用砂纸包裹。

b. 另一块木块则由光滑的纸张和砂纸交错包裹起来。

关于热觉的训练，我设计了一套小金属碗。这些小金属碗由非常轻的金属制成，里面放满不同温度的水，每个碗都有盖，并且配有温度计，从外面触摸碗就可以感受到热。

我也曾引导孩子将双手放到冷水、温水和热水里面，这种练习对孩子来说是最有乐趣的。我本来也想对脚做相同的练习，却一直没有机会尝试。

对重量的感觉，我们可以利用小木块，实验证明，这些小木块非常有效。它们长6厘米，宽8厘米，厚0.5厘米。木块由三种材料制成：柴藤、胡桃和松树。重量依次相差6克，分别是24克、18克和12克。这些木块要非常光滑，如果可能，最好上清漆以消除表面粗糙，同时，木头的天然原色也会保留下来。孩子在观察木头的颜色的过程中，就可以得出这些木块的重量是不一样的，这就为孩子提供了一种感觉重量的练习方法。让孩子摊开双手，两手各拿一个木块，上下移动双手，以便测量重量。

孩子的手在上下活动时，其幅度应当越来越轻微，最终到无法察觉。我们应当让孩子通过不同的重量，而不是颜色来进行区分，因此最好让他们闭上眼睛。孩子学会自觉这样做后，就会对"猜"非常感兴趣了。

这样的游戏同样会吸引周围孩子的注意力，他们会围聚在这个手中拿着木块的孩子周围，轮流地"猜"。有时候，孩子们会自发地蒙上眼睛，轮流掂量木块，并发出欢快的笑声。

第六章◇如何更好地教育——蒙台梭利的方法

5 感知觉训练

感知觉训练可以通过多种方式重复练习。认识刺激物的训练也能带给孩子很大的乐趣。

✦✦✦✦✦✦✦✦✦✦✦✦✦

感知觉的训练，目的在于通过感觉来认识物体。

我们使用的第一种教学材料是一组长方体和立方体。我们让孩子注意这两组物体，并认真准确地去感觉。

这个过程是让孩子睁眼进行的。同时，通过一些重复的过程使孩子注意呈现给他们的物体。在这之后，要求孩子们在不看物体的情况下，将立方体放到右边，将长方体放到左边。最后，要求孩子在被蒙住眼睛的情况下再次重复这一训练。

在 2～3 次之后，几乎所有的孩子都能完成这一系列动作，并且不犯任何错误。因为这套教学材料总共有 24 个立方体和长方体，所以花费的精力要多一些。在一个孩子进行这一训练的时候，他的一群小伙伴都非常感兴趣地注视着他，这大大增加了他的成就感，毫无疑问，他对这个训练是非常感兴趣的。

我的一位同事曾经叫我注意一个 3 岁的小女孩，她是我们这里年龄最小的孩子，却能够完美地重复这一过程！

我们让她坐在桌子旁边舒适的躺椅上，把这 24 个木块放在她跟前的桌子上，然后将这些木块彻底打乱。我们要她注意这些木块之间的不同，然后要求她将正方体放到右边，将长方体放到左边。之后，她在蒙上眼睛的情况下，照着我们所教的那样，每只手拿着一个木块，通过触摸来进行感觉，然后将这些木块放到正确的一边。在我看来，这是非常困难的，尤其是对一个两三岁的孩子来说更是如此。

但是通过观察，我们可以看到她能够很轻松地完成这一练习。比如，当她两只手各拿着一个物体，如果恰巧是左手拿正方体、右手拿长方体，她立刻就会进行交换，然后再重新开始我们教给她的感觉物体的过程。也许她认为这是必需的过程。但是无论怎样，她第一次接触物体就能够认出哪个是正方体、哪个是长方体了，也就是说，她一拿到物体就能够识别出来。

这种感知觉训练可以通过多种方式重复练习。认识刺激物的训练也能带给孩子很大的乐趣。例如，他们会拿起任何小物品，像玩具士兵、小球，以及各种不同的硬币等。他们也能慢慢识别一些有细微差别的小物体，比如玉米、小麦和水稻。

对于不用眼睛就能"看"，孩子们备感骄傲。他们会伸出手来喊道："这是我的眼睛！""我可以用我的手来看！"确实，这些小家伙们正沿着我们设计的道路前进，他们每天都会带给我们无法预料的进步。

6 味觉和嗅觉训练

对嗅觉的训练,就像味觉的训练一样,只能在午餐时间进行。在那个时刻,孩子们的嗅觉要相对敏锐很多,能够学会识别许多气味。

✣✣✣✣✣✣✣✣✣✣✣✣✣✣

我们使用过这样一种方法:训练的道具是一些鲜花,比如紫罗兰和茉莉花等,我们让孩子闻鲜花的香味儿。然后,蒙上孩子的眼睛,对他说:"现在,我们要给你一些鲜花。"这时,会有一位小朋友拿着一束紫罗兰到他的鼻子下面,让他猜花的名字。

另外,为了教会孩子区分香气的浓郁程度,我们只用了少量的花,有时甚至只用一朵花。

对嗅觉的训练,就像味觉的训练一样,只能在午餐时间进行。在那个时刻,孩子们的嗅觉要相对敏锐很多,能够学会识别许多气味。

至于味觉训练,我们会使用各种不同味道的溶液,比如,苦、酸、甜、咸等,让孩子们来尝试一下,这是一个可行的办法。4岁的孩子很乐意参与这样一种游戏,这或许可以解释他们为什么喜欢漱口。因为孩子们乐于识别各种味道,而在每次测验之后,他们学会了打一杯温水仔细地漱口。从这个意义上来讲,味觉训练也是在培养讲卫生这一习惯。

7 分辨声音训练

这种精挑细选的铃声,除了对孩子的听觉训练有利之外,还能使一种平和的感觉渗透到孩子身体的每一部分。

✢✢✢✢✢✢✢✢✢✢✢✢✢

对非常小的孩子而言,听觉训练的作用非常重要。这种训练的另一个目的就是使耳朵对噪音保持灵敏,使孩子能够区分非常轻微的噪音,并且将噪音与声音进行比较,然后表达出对刺耳声音的不满。

这种感觉教育具有特有的价值,因为它不仅可以培养孩子的美感,而且在生活的很多方面都可能被用到。

在听觉训练过程中,我采取了如下的方式:

先让教师用通常的方法使全体学生保持安静,之后我开始工作,使这种安静进入更好的状态。我用一系列的变调说:"St!St!"忽而尖

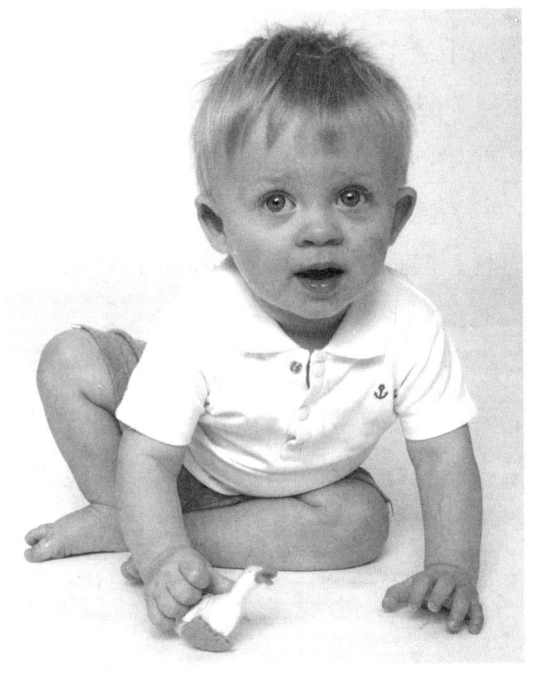

对非常小的孩子来说,听觉训练非常重要

锐，忽而短促，还会拉长声调或者像耳语一般的轻柔。慢慢地，孩子们开始被吸引住了。这时我会对他们说："更加安静些，更加安静些。"

接下来，我会继续发出"St，St"的嘶嘶声，并且用越来越轻直至几乎听不到的声音重复："更加安静些。"

然后，我会这样小声地引导孩子们："现在我们可以听到钟表的嘀嗒声，我们可以听到苍蝇振翅的嗡嗡声，我们甚至可以听到花园里的树木在低声说话。"

此时，孩子们表现得非常兴奋，他们坐在座位上保持一种绝对安静的状态，整座房间似乎也因此显得空空荡荡的。接下来我又会小声说："让我们都闭上眼睛。"

重复几次这种练习，让孩子们亲自熟悉一下静止不动和绝对的安静，如果这时候有哪个孩子破坏了这种气氛，我们只需要用一个音节或者一个手势向他示意，他立刻就会回到刚才的安静氛围当中去了。

在这种安静的氛围中，我们开始制造声音和噪音，这些声音在开始的时候有着强烈的对比，到后来就非常的相似了。

当这种安静达到一定程度之后，我就去摇铃铛，发出悦耳的声音，时而平静甜美，时而清脆动听，尽力将这种有节奏的振动传遍孩子的全身。

对孩子来说，这样做是非常有好处的。因为，这种精挑细选的铃声，除了对孩子的听觉训练有利之外，还能使一种平和的感觉渗透到孩子身体的每一部分。经过这种训练之后的身体，就会对噪音非常敏感，孩子们就会自然而然地讨厌噪音，避免制造噪音，而对悦耳的声音有一种发自内心的欣赏，产生一种乐感。

8 听觉敏感度的测试

孩子们经过自己的努力保持安静,就会享受到安静的感觉,并为之感到很快乐。

✣✣✣✣✣✣✣✣✣✣✣✣✣✣✣

我们在"儿童之家"所进行的唯一一个完全成功的实验是有关钟表的。

这个实验的进程是这样的:

当达到相当的安静状态后,我们就让孩子们开始留意钟表的嘀嗒声以及所有平时不为我们的耳朵所注意的噪声。

最后,我们要求这些小家伙一个接一个地小声地说出自己的名字。

在准备这项实验之前,我们有必要教会孩子们理解安静的真正含义。为了达到这一目的,我这里有几个关于安静的小游戏,这些游戏能够以一种令人吃惊的方式强化孩子自身的纪律观念。

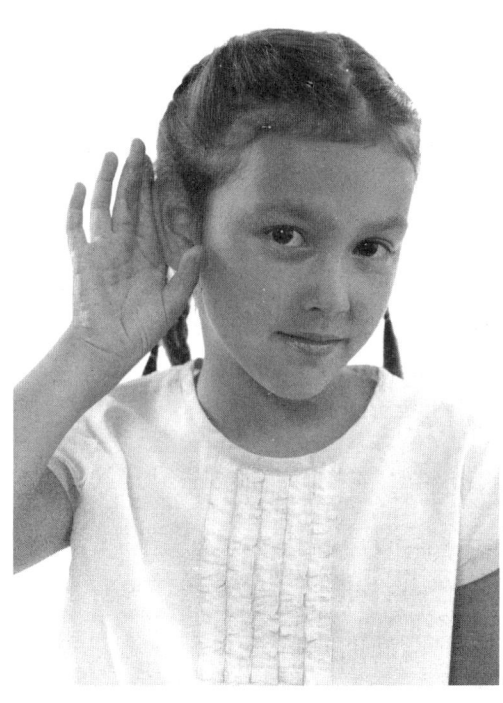

孩子在保持安静之后,会听到平时不曾注意的各种声音

我让孩子们注意我,看看我能在多大程度上做到安静。我变换各种不同的姿势,站着、坐下,等等,并且在安静的状态下保持这些姿势不动。我保持着绝对的安静,这并不是一件容易的事情。然后,我叫出一名小朋友,让他跟我做一样的动作。他先是调整自己的脚到一个好一点儿的位置,但这一动作发出了声音!他活动了几下自己的手臂,将手臂伸出来放在椅子背上,这个动作也发出了声音。此外,他的呼吸也并不安静平和,不像我这样能保持绝对的安静。

在这个孩子做这些动作的时候,我利用静止不动和安静的休息间隙给孩子们作了一个简短的评论,而其他孩子都在看着、听着。他们当中的许多人都对这一活动表现出很大的兴趣,因为所有这一切都是他们以前未曾注意过的,也就是说,尽管以前我们制造了那么多噪音,可是我们自己却从来没有注意过。

当然,安静也存在等级。当没有任何东西移动时,这就是绝对的安静。孩子们以极大的兴趣看着我站在教室的中间,气氛如此平静,好像我真的不存在一样。接下来,孩子们就会尝试模仿我,甚至努力比我做得更好。

如此安静地站立,哪怕是脚轻微地动一下也会发出声音,所以,此时我特别注意自己的动作,尽量让自己保持静止。而孩子们也都会非常关注自己的状态,努力让自己保持安静。

当孩子们这样主动自觉地努力时,我们就达到了安静状态,这种安静与我们在一般情况下所说的安静有很大不同。

这种安静给人的感觉就像生命逐渐消失了,整个房间一点儿一点儿地变得空空荡荡,好像没有人在里面一样。接下来,我们就能听到钟表的嘀嗒声,并且随着安静的程度越来越深,这嘀嗒声也变得越来越强烈。

这样我们就从平时所感受的安静当中,听到了各种声音:小鸟在鸣叫，一个小孩子从窗外跑过，等等。孩子们坐在那里感受这种安静，脸上的表情非常迷人，极其享受的样子。

一位教师曾这样形容这样状态下的教室："这儿好像没有人，孩子们都出去了。"

达到这种程度后，我们拉上窗帘，告诉孩子："闭上眼睛，趴在胳膊上休息。"他们照做了，在黑暗中，这种绝对的安静又重现了。

这时我会低声对孩子们说："现在仔细听，有一个非常轻柔的声音在呼唤你的名字。"接着，我走到孩子们隔壁的房间，让门开着，用非常低柔的声音说话，声音久久徘徊，好似我在遥远的山峰上召唤他们一样。这种几乎听不到的声音似乎深入到孩子们的心灵深处，唤起了孩子们的灵魂。

被叫到名字的孩子会抬起头，睁开眼睛，眼神之中流露出非常幸福的表情。然后，他站起来，用脚尖轻轻地走动，并不挪动椅子，这一切几乎都听不到。但是他的脚步在安静中产生了回声，在安静的教室里回荡，发出了声音。

他喜笑颜开地来到门口，然后又跳回房间，抑制自己的笑声。有的孩子则会把脸埋在我的裙子上；也有的孩子会回头仔细看自己的同伴，他们像雕像一样安静地坐在那里等待着。被叫到的那个孩子好像拥有特权一般，又如同收到了礼物或者奖励一样极为兴奋。

虽然他们知道每一个人都会被叫到，但他们感觉"第一个被叫到的应该就是最安静的一个"。所以，每个孩子都尽自己的努力表现得安静，以期获得这种奖励。举一个例子，有一次在进行这种安静训练的时候，我看到一个 3 岁的小女孩努力把喷嚏憋了回去，她屏住呼吸，然后忍住，最后她成功了！这是多么令人吃惊的

努力啊!

这个游戏让孩子们如此高兴,超乎我们的想象。他们的表情是那么专注,耐心地保持静止不动,在这个过程中,他们得到了巨大的快乐。

在一开始的时候我其实并不了解孩子们的心灵,我曾想给被叫到的孩子糖果和小玩具,并认为这些小礼物对孩子们所做出的努力而言是必要的,但我很快就发现这根本没必要。

在经过自己的努力保持安静之后,孩子们享受到了安静的感觉,并感到很快乐。他们乐于经历一些新东西,并且克服自己本身的一些小毛病。这对他们而言是一种全新的补偿,享受游戏带给他们的感觉,这本身就是最可贵的东西。于是,他们忘记了有关糖果的承诺,也不在乎小玩具,而我却曾经认为这些东西会吸引他们的注意力。

孩子们乐于经历一些新东西,并且克服自己本身的一些小毛病

明白了这些,我放弃了那些毫无意义的奖励方法,并在随后的游戏中惊奇地发现,这个游戏非常成功——在我把全班40个孩子一一叫出房间这一整段时间中,即使是3岁的孩子,也能保持静止不动和安静!

从那时起，我认识到孩子的心灵有着独特的奖励形式和精神快乐。经过这样一些练习，孩子们和我似乎更亲近了，他们变得更加听话，更加有礼貌。在这样的游戏中我和孩子们有时确实像远离了世界的尘嚣，并且有那么几分钟我们的心是如此贴近。我叫他们的名字，他们在安静当中听到我的呼唤之后，每个人脸上都洋溢着幸福的笑容。

9 触觉和重量训练——摸瞎游戏

无论是触觉训练,还是重量的感知,都可以通过摸瞎游戏来很好地进行。

✧✧✧✧✧✧✧✧✧✧✧✧✧

摸瞎游戏主要用来训练如下几方面:

1. 触觉训练——摸物体的材质

在我们的教学用具当中有一些小盒子,里面放着各种各样的物体,包括天鹅绒、丝绸、棉布、亚麻等。然后我们会让孩子去触摸每一件物体,教他们认识这些物体的名称,并且告诉他们每一件物体的质地,比如粗糙、光滑、柔软等。

接下来,我们会让一个孩子坐在一张桌子旁边,蒙住他的眼睛,而他的同伴们都能够看到他,他们将这些物体一一放在他面前,让这个孩子用手指触摸这些物体,然后做出判断:"这是天鹅绒,这是光滑的亚麻,这是粗

蒙住孩子的眼睛,有利于对孩子进行触觉和重量训练

糙的棉布……"这种训练会激起孩子们的兴趣。每当我们给这个孩子一些陌生的物体时，比如一张纸、一张薄纱，所有的孩子都会显得非常激动，等待着他的回答。

2. 重量感知

我们让孩子坐在相同的位置上，让他关注那些用来进行重量感觉训练的教具，这样就可以使他注意到自己已经掌握了的有关重量的概念。接下来，我们让他把所有黑色的方块，也就是沉一些的教具，放到右边，而将浅颜色稍微轻一些的方块放到左边。

这之后，我们依旧蒙住他的双眼，让他进行这个游戏，并且要求他每次分别拿起两个方块。有时候他会拿起两个相同颜色的方块，有时候则是不同颜色的，但最终我们要求孩子将木块放在桌子正确的位置上。这种训练同样会令孩子们非常激动。比如，如果被蒙住眼睛的孩子双手之中都拿着黑色方块，并且在双手之间不确定地倒来倒去，那些观看的孩子都会处于一种强烈的紧张状态，而一旦这个孩子将它们放正确时，围观的孩子便放松下来，长长地出一口气。

10 认识几何图形

引导孩子围着桌子的边边角角转，孩子的大脑中就会无意识地形成长方形的印象。

✦✦✦✦✦✦✦✦✦✦✦✦✦

几何图形，一般包括这样几个方面：边、角、中心、底面。

在这里，我们需要指出的是，几何图形分析并不适用于年龄非常小的孩子。

我所用的长方形就是孩子们经常使用的餐桌桌面，游戏的过程就是为晚餐布置桌面。

在每所"儿童之家"里，我都有一套玩具餐具，里面包括餐盘、汤盘、有盖汤盘、调味瓶、玻璃杯、玻璃水瓶、小刀、叉子、汤匙，等等。

我让孩子们按照六人标准布置餐桌，在餐桌较长的两边各放两个位子，在较短的两边各放一个位子。一个孩子按照我说的那样进行布置。我告诉他该把有盖汤盘放在桌子中心，餐布放在一个角落上，跟他说："把这个盘子放到桌子较短一边的中间。"

接下来我让他看看桌子，说道："桌子角上还缺点儿什么，我们还需要在这边放上另外一个玻璃杯。好，现在让我们来看看在桌子的长边上是不是把所有东西都摆放好了呢？是不是在桌子短边上也都放好了呢？桌子的四角上还缺些什么东西吗？"

在引导孩子围着桌子的边边角角转的过程中，孩子的大脑中就会无意识地形成长方形的印象。

11 观察能力训练

观察能力的训练,有这样两个小游戏:自由绘画、填充绘画。

✥✥✥✥✥✥✥✥✥✥✥✥✥✥

观察能力的训练,有这样两个小游戏:自由绘画、填充绘画。

1. 自由绘画

我给孩子一张白纸和一支铅笔,告诉他可以随心所欲地画。这种绘画方式也曾引起心理学家的重视,因为它的独特之处在于:不仅能揭示孩子的观察能力,还能展现孩子的个人偏好。

一般说来,孩子在进行第一次的绘画的时候,大脑中没有任何形状,非常混乱。这时教育者应当问孩子他想画什么,并且将其记录在图画下面。慢慢地,孩子笔下的图画就会变得越来越清晰,慢慢体现出孩子观察能力的进步。

绘画可以锻炼孩子的观察能力

因为孩子们在随心所欲地绘画，所以，这些绘画在某种程度上也向我们展示了那些最能吸引他们注意力的东西。

2. 填充绘画

这种绘画同样非常重要，因为它包含着"对书写的准备"。

就像自由绘画会对形状感觉起到一定的作用一样，填充绘画对色觉所发挥的作用也是巨大的。换句话说，这种绘画在某种程度上能够表现出孩子观察颜色的能力。

这种训练主要是用彩色铅笔填充黑色轮廓线图案。孩子必须选择相对应的颜色进行填充，这样我们就能知道他对周围的物体是否进行了观察。

⑫ 泥塑手工

黏土模型是一种非常有价值的教具。它不仅能表明孩子的个体差异,而且能够帮助教师进一步理解孩子。

✤✤✤✤✤✤✤✤✤✤✤✤✤✤✤

做手工这种练习与自由绘画、填充绘画类似,孩子可以随心所欲地用黏土制作自己想做的东西。也就是说,他可以用自己的双手制作那些自己记得最清晰、印象最深刻的东西。

我们给孩子提供一个木质圆盘,里面放进黏土,然后再给出一些他们的同伴用黏土做的优秀作品。这时,有的孩子就会用一种让我们感到吃惊的细心态度来模仿他所看到的作品。

孩子们用黏土做家里特别是厨房当中看到的生活用具,比如水瓶、茶壶和煎锅等。有时,我们也会看到孩子做出一个摇篮,里面甚至还会放着一个小婴儿。

这种黏土模型是一种非常有价值的教具。它不仅能表明孩子的个体差异,而且能够帮助教师进一步理解孩子。

当然,那些在黏土练习当中表现欠佳的孩子,就需要教师提供一定的帮助了:教师要让他们注意观察周围的物体,引导他们对周围环境进行观察和体悟。

13 阅 读

如果方法正确，几乎所有孩子都可以在 4 岁的时候开始书写，在 5 岁的时候知道如何进行阅读，并至少达到小学一年级水平。

✛✛✛✛✛✛✛✛✛✛✛✛✛✛

阅读需要使用的教学用具包括大量的卡片，上面清晰地写着大号单词或者句子。另外，我们还需要各式各样的玩具。

我用普通书写纸做了一些小卡片，在每一张卡片上都写上一个大而清晰的单词，这些单词孩子们已经说过许多遍，而单词所代表的物体也都是实物或孩子们非常熟悉的内容。

如果一个单词指的是孩子面前的一个物体，我就将这个物体放到孩子眼前，以使孩子对这个单词的理解更加直观方便。而这一游戏里面的物体绝大多数是"儿童之家"的玩具，这些玩具包括洋娃娃和她的房子、球、树木、羊群、各种动物、玩具士兵、铁路和各种简单图形等。

接下来就像我说的那样，我们从名称开始练习，也就是读出熟悉物体的名字。

我会让一个孩子慢慢将书面单词转换成声音，如果这种转换准确，我也不会说"快一点儿"。孩子在读第二遍时自然就会快一些，但还是经常无法理解含义。这时我会说："快一点儿，快一点儿。"孩子每读一次就比前一次更快，重复着相同的发音，最终这个单词进入他的意识当中。这时孩子就会像认出一位老朋友一样看着这个单词，并且表现出一种强烈的满足感。这就完成了阅读的练习。

母亲们很快就发现孩子们有了惊人的进步。她们在孩子的口袋里发现了一些小卡片，上面粗略地写着购物清单：面包、盐等。这些孩子已经开始为母亲买东西列清单了！还有一些母亲告诉我说，现在他们的孩子上街，已经不是在街上乱跑，而是停下来阅读商店招牌上的字了。

使用正确的方法，孩子4岁就可以书写，5岁就可以阅读

关于孩子们这种令人吃惊的进步，还有这样一个例子：

有一个4岁的孩子，在一所私立学校里接受同样的教学。孩子的父亲是一位市长，经常收到许多信件。市长知道自己的孩子已经接受书写和阅读练习两个月了，却没太注意这件事情。然而，有一天，他正坐在那里看书，孩子在边上玩耍，一位仆人进来，将一大堆刚刚收到的信件放在桌子上。小男孩注意到了这些，拿起一封信大声读出了地址。在他父亲看来，这真是一个奇迹。

经验证明，如果方法正确的话，几乎所有孩子都可以在4岁的时候开始书写，在5岁的时候知道如何进行阅读，并至少达到小学一年级水平。因此在上小学一年级时，他们完全可以提前一年上二年级。

14 阅读句子的游戏

如果教授阅读的目的是让孩子接受一种交流方式，那就必须默读，不能发出声音。

✣✣✣✣✣✣✣✣✣✣✣✣✣

引导孩子进行句子阅读时，我是这样做的——

根据适合孩子们的方法，我在黑板上写："你们爱我吗？"孩子们慢慢地大声读着，保持了一刻的安静，好像在进行思考，接下来他们喊道："爱！爱！"我继续写："那好，保持安静，都看着我。"

他们一开始几乎是叫喊着读出了这句话，但就在他们要读完时突然变得安静了，只有椅子发出声音，而这也是孩子们为了调整姿势减少噪音才发出的。就这样，在我和他们之间开始能够通过书面语言进行交流了，这让孩子们异常感兴趣。慢慢地，他们发现了书写的本质——传递思想。

无论何时我进行书写，他们都非常急切地想要明白我的意思，而不是听我说一个词。

在这种阅读教学入门之后，我们采用了如下的游戏，而孩子们对此也非常感兴趣。

在一些卡片上我写下长句子，描述孩子们所要做的动作，比如"关上百叶窗，打开前门；然后等待片刻，之后将所有的东西按原样放好""要非常有礼貌地邀请你的8个同伴离开他们的座位，在教室中心排成两行，然后让他们用脚尖着地，前后移动，注意不要发出任何声音""如果他们愿意，邀请三位年龄最大、唱歌最好听的同伴站在教室中间，和他们一起唱一支歌曲"，等等。只要我一写完，孩子们就立刻抓住卡片回到自己的座位上，非常认真自觉地读，与此同时所有的孩子都保持安静。

接下来我问孩子们："你们明白了吗?""明白了！明白了！""那就按照卡片上告诉你们的去做吧！"我说。

然后，我就非常高兴地看着孩子们迅速而准确地按照卡片上所写的话语行事。他们有的关百叶窗，然后又打开前门，有的让同伴踮起脚尖走路，有的让同伴唱歌，有的孩子则在黑板上进行书写，或者从壁橱里拿出某样东西……惊喜和好奇制造了一种安静，孩子们在课上饶有兴趣。我好像用某种魔力刺激了这种前所未见的行为，而这种魔力就是书面语言，是人类文明最重要的成果。

孩子们多么真切地理解了书面语言的重要性呀！以至于当我走出去的时候，他们都聚集在我的周围，脸上流露出感激和喜爱的表情，说："谢谢您！谢谢您！谢谢您的课程！"

经验告诉我们，如果教授阅读的目的是让孩子接受一种交流方式，那就必须默读，不能发出声音。

15 算术入门——数字教学

没有什么方式比让孩子们熟悉日常使用的硬币更加实际的了。也没有什么练习比换零钱更有用的了。

✣✣✣✣✣✣✣✣✣✣✣✣✣

当一个3岁的孩子来到我们学校的时候,他就已经能够数"二"或者"三"了,因此,他们可以很容易地学会数数,也就是数物体的个数。

许许多多不同的方式可以达到这一目的,日常生活就给我们提供了许多这样的机会,比如母亲说"你的衣服掉了两颗扣子"或者"我们还要三个盘子",等等。

我最开始使用的方法是数钱。

换零钱是一种非常能吸引孩子注意力的数数方法。我给孩子们1、2和4生丁的硬币,用这种方法能让孩子们学会数到10。

没有什么方式比让孩子们熟悉日常使用的硬币更加实际的了。也没有什么练习比换零钱更有用的了。正是因为它们与日常生活联系得如此紧密,所以才引发了孩子们强烈的学习兴趣。

接着就是对数字记忆的练习:

当孩子们认识书写的数字,并且知道这些数字所代表的数值时,我就进行如下训练:

我从旧日历上将数字剪下来,然后贴在卡片上,叠好放在盒子里面。孩子们抽出卡片回到座位上,在座位上打开卡片,看完后再将卡片叠好，并且不让别人看到。接下来，可以让这些孩子（一般说来是从班上年龄最大的孩子开始）一个接一个或者分成小组，来到教师桌子边上。桌子上放有各种各样的小物体，每一个孩子都要根据自己卡片上的数字选择相应的物体数目。而与此同时，孩子要将自己的卡片放在物体边上，当然是叠好的，不让别人看到。

在这一过程当中，孩子们不仅要来回走动，还要在选取物体的时候一个一个数，从而牢牢记住自己卡片上的数字。

16 给孩子感觉的自由

我们的教育方法最成功之处就是,给孩子们带来自觉的进步。

✤✤✤✤✤✤✤✤✤✤✤✤✤✤

有一天,当我走进一所"儿童之家"时,一群五六岁的孩子静静地走过来,开始轻轻地摸我的手和衣服,说道:"这是光滑的,这是天鹅绒的,这是粗糙的。"其他的孩子也走了过来,表情严肃地重复着这些动作和这些词。

教师想要过来干预孩子们的行为,好给我解围,但我向她示意保持安静,我自己也没有动,同样是保持安静,对这些小家伙们自觉的智力性活动表现出了赞赏。

我认为,我们的教育方法最成功之处就是,给孩子们带来自觉的进步。

教育方法的最成功之处,是让孩子自觉地进步

一天，在做完我设计的训练之后，一个孩子开始用彩色铅笔给树的轮廓线填色。在画树干的时候，他拿起了红色的蜡笔。教师要阻止他，好像要说："你认为树干是红色的吗？"我阻止了那名教师，让孩子把树干涂成了红色。

孩子们的这些举动对我们而言是非常珍贵的，因为它表明了孩子还不是自身周围环境的观察者。

对于这样的情况，我们这些教育者唯一能做的就是，等待！

这个小孩每天都在花园里和其他小孩一起玩耍，他随时都能看到树干，渐渐地，他就会发现这个世界的色彩秘密。实际上，后来老师又给这个孩子一张树的图画让他填色，他最终选择了棕色的蜡笔去画树干，并且用绿色的去画叶子和树枝。再后来，他把树枝也画成了棕色，而只把叶子涂成绿色。

我们可以将孩子比作钟表，并且可以这样说：老式的教学方法就好比是我们攥住钟表的发条，然后用手指去拨指针促使它转动一样。只有我们用手指使劲去拨，指针才会一直走下去。而新方法就好比给钟表上满发条，使整个机体自己工作起来。

我们教育目的就是帮助孩子自觉地发展心灵、精神和身体的个性，而不是使他们成为普遍文化中的个体。所以，在给孩子们提供一些刺激孩子感觉发展的教学材料之后，我们接下来要做的就是等待——等待孩子们自发观察行为的形成。

第七章

影响孩子成长的那些不健康心理

◆ 有一种真相往往为人们所忽视,即孩子需要两种"食物"才能健康生活——生理需求和心理需求。而在现实生活中,父母往往只注重给予孩子物质满足,却让孩子的精神处于"饥饿"状态。

1 怀疑癖——没有主见的孩子

怀疑癖的情况处处可见。许多孩子在睡觉前都会看一下床底是否有猫、狗、昆虫之类的东西，其实这正是怀疑癖的表现。

✥✥✥✥✥✥✥✥✥✥✥✥✥

在心理病态症中，有一种被称作"怀疑癖"的心理症状。这种征兆的一个最明显症状就是：不能独立做决定，同时当事人还会深深地陷入一种痛苦的情绪之中。

在一家专治神经错乱的医院里，就有这样一位患有"怀疑癖"的病人。这个病人总是喜欢一遍一遍地检查垃圾桶，他总是担心有价值的东西会遗落在垃圾桶里。在决定带走垃圾时，他还会拎着垃圾桶爬上楼梯，挨家挨户地敲门，问别人垃圾桶里是否有值钱的东西，直到得到别人的确信后才肯离开。而且这样折腾一遍还不算完事，过一会儿，他又会折返回来，再一次挨家挨户地敲门问一遍，如此循环往复。

人们只好耐着性子反复告诉他，垃圾桶里没有任何值钱的东西，可以放心扔掉了。这个时候，他的眼里闪烁着泪光，人们的言语对他来说是多么大的支持和安慰啊！于是，他终于决定离开，仿佛已经放心了。然而过不了一会儿，他又回来了！他再次向人们征求意见："我真的可以放心了吗？"人们只好再次告诉他："你确实可以放心了！"然而他就是死活都不肯相信自己耳闻目睹的事实，直到他妻子出现在他面前并强行把他拉走，事情才告一段落。

事实上，怀疑癖的情况处处可见。不仅这些特殊病人，即使

我们这些正常人,脑子里也经常会有这种怀疑癖的潜意识。

比如,一个人准备出门,当他锁门之后,会无意识地将锁摇动几下,更有甚者会在走出十几步之后折回来,重新拽一下锁,验证自己是否真的把门锁上了。虽然他记得自己已经把门锁上了的,但潜意识里仍然不相信自己。

在小孩身上,这种情况也不在少数。许多孩子在睡觉前都会看一下床底是否有猫、狗、昆虫之类的东西,其实这正是怀疑癖的表现。

还有这样一个孩子的例子:

有一次,一位女士问一个孩子:"樱桃是什么颜色?"让她没想到的是,这一问让本来知道樱桃是什么颜色的孩子,感到胆怯和紧张,进而不知所措。孩子犹豫半天,不知如何回答,最后只是怯怯地说:"我去问问老师。"

孩子为什么如此不自信,即使自己知道樱桃是什么颜色,仍然向教师寻求所谓的"正确答案"呢?在现实生活中,为什么总有人喜欢依赖于他人呢?

孩子如果害怕犯错误,就会渐渐失去主见

答案就是，这些人害怕犯错误，总是逃避可能出现的不良后果，就这样，跟在别人后面亦步亦趋，直至变得完全依赖他人，丝毫没有主见。

我们常常意识不到孩子就是我们的牺牲品，也意识不到是我们的行为毁了孩子。我们用自己拥有的权利，来强行命令孩子这样做、那样做，我们用自己的主观意识来教育孩子这是正确的、那是错误的。我们一方面期待孩子长大，另一方面却又在压制孩子长大。

在成人的这种压制之下，孩子渐渐变得失去自我，渐渐失去了自己的主见，对自己产生怀疑。

② 神游——思绪涣散、无法集中注意力的孩子

他的心思分散在许多不同的事情上,无法长时间地集中在他不感兴趣的东西上。心理学家通常把这种状态称为"心理神游"。

✢✢✢✢✢✢✢✢✢✢✢✢✢✢

在一位营养专家的诊所里,有几名 6 个月以上的孩子出现了各种生理失调症状。经过反复观察和研究之后,营养专家终于发现,这些生理失调的背后存在着不容忽视的心理因素——这些 6 个月以上的孩子得了一种叫作"缺乏心灵营养而引起倦怠"的疾病。

于是,营养专家决定让这些孩子的心灵快乐起来,他给他们提供娱乐和消遣的环境,不再让他们像以前那样孤独地待着,每隔几天他就会把这些孩子带到不同的地方玩耍。就这样,没过多久,这些孩子都恢复了健康。

从这位专家的实验中,我们可以得出结论:不到 1 岁的孩子能够对他周围的事物形成清晰的印象,并能从众多的印象中学会区分它们。当孩子找不到可以关注的对象时,他就会游离不定,坐立不安。就算他能够着手去做一件事情,但过不了多久就会丢下,因为他的心思分散在许多不同的事情上,无法长时间地集中在他不感兴趣的东西上。心理学家通常把这种状态称为"心理神游"。

孩子的内心很容易产生一种假想的景象,比如一只旋钮变成了一匹骏马、一张椅子变成了宝座、一颗石子变成了一架飞机,他们看着手中的玩具也会产生各种各样的奇思妙想。他们无法集中注意力,思绪四处游荡,没有一个固定的方向。

事实上,有一种真相往往为人们所忽视,即孩子需要两种"食物"才能健康生活——生理需求和心理需求。但是,在现实生活中,父母往往只注重给孩子物质满足,却让孩子的精神处于"饥饿"状态。

父母为孩子提供适合的成长环境,能帮助他更好地生活

如果父母能够为孩子提供适合的成长环境,我们将看到孩子会很快集中精力,愉快地投入到工作中,幻想情绪也会随之消失,无目的的"神游"变得有目的性,他的四肢也会成为思想的工具,帮助他更好地生活。

3 依附——太过依赖成人的孩子

有依附心理的孩子性格大多胆怯懦弱,习惯躲在成人的背后寻求庇护。他们害怕一个人独处,不相信自己能够独立做好一件事情,所有的事都要依靠成人帮助他们完成。

✥✥✥✥✥✥✥✥✥✥✥✥✥✥✥

在现实生活中,我们经常可以看到这样一些孩子,他们很爱缠着成人。成人走到哪里他们就跟到哪里,寸步不离。

表面看来,这是孩子和父母亲近的举动,其实不然,孩子的这种行为,恰恰是他们依附心理的病态表现。我们可以想一想:如果孩子从小就依附别人,从小就缺乏独立能力,那么他长大以后会成为什么样子呢?

不可否认,依附心理是许多孩子身上具有的缺陷,他们性格大多胆怯懦弱,习惯躲在成人的背后寻求庇护。他们害怕一个人独处,不相信自己能够独立做好一件事情,所有的事都要依靠成人帮助他们完成。

我们不难想象,等这样的孩子迈进学校大门之后,他们也会习惯性地让父母或者别人来帮助他们完成作业。依附心理,就会给孩子今后的学习生活带来难以估量的巨大影响。

当然,有时候这类孩子的依附心理还会以一种假象出现:他们总爱追在成人的身后问"为什么",给人的感觉好像他们求知若渴,让成人误以为他们正处于开发智力的关键阶段。

然而，事实真的是这样的吗？你如果对孩子进行仔细观察，就会发现他们其实并没有仔细倾听成人的回答，而只是在一味地重复自己的问题，从来就没有思考过如何解决问题，并且他们对成人的耐心解释并不感兴趣。他们之所以会不断地问"为什么"，不过是想借此引起成人的注意，缠在成人身边而已。

很多父母并没有意识到依附状态对孩子的危害，有的父母甚至对孩子的这种状态很满意，认为这样他们就能轻易控制孩子的思想和意志，在管理孩子方面省不少心——孩子不会跟自己对着干，不会让自己生气，不会给自己制造很多的烦恼。于是父母就觉得这类孩子很乖、很可爱，满足于孩子的这种表象，却看不到这种表象之下带给孩子的致命影响。

很多父母并没有意识到依附状态对孩子的危害

这样的孩子会在父母的"帮助"之下放弃自己的思维和行动能力，进而影响其智力发展。此外，孩子的这种依赖心理很容易演化为冷漠、懒散。孩子天生的创造性潜能也会就此消失。

除了上述影响之外，孩子的依赖心理还会给我们造成这样的困扰：

　　这类孩子往往以弱者的姿态出现,仿佛正处于无边的苦恼之中,几乎任何东西都无法让他满足,老是显得无精打采,他们喜欢抱怨所有的东西,喜欢哀求大人顺从他们的心意。他们依恋成人,似乎将整个生命与成人捆绑在一起。他们经常让成人帮助自己,而自己却很少尝试动手。他们喜欢哀求成人跟他们一起玩,给他们讲故事,唱歌给他们听,而如果成人不这样做,他们就会哭闹。

　　就这样,成人成了这类孩子的奴隶。

4 占有欲——贪婪和自私的孩子

心理学家发现，一个人的心理畸变取决于在爱和占有之间作出的选择。孩子的本能就像章鱼的触角一样伸展出去，抓住他急不可耐想要得到的东西。

✢✢✢✢✢✢✢✢✢✢✢✢✢✢

我们如果用心观察过孩子，就会发现在成长过程中，孩子会不断地对周围事物感兴趣，就像饥饿的人在寻找食物一样，他们会不断寻找能满足自己心灵的东西，不断地在环境或活动中寻觅心灵的营养品。

当孩子在周围的环境中找不到对其精神有利的"食物"时，他们的"饥饿"状态就会转移到对物品的占有上。

正是这个原因，在现实生活中，我们经常能听到孩子这样的声音："我要！我要！我还要！"对此，很多父母往往简单地认定孩子是自私的，只知道"要，要，要"！

然而，有多少父母能够看到孩子自私背后的真实原因呢？

两个看不懂时间的孩子同时看到一只金表，一个若是说："它是我的，我要它！"另一个孩子也会叫起来："不！它是我的，我要！"他们也许会为这只金表打架，就算把金表毁坏了，也在所不惜。

看到这个例子，你有没有想到一些什么呢？孩子的占有欲有时只是内心需求的一种外在表现。而这种需求却恰恰被父母忽视了。

　　心理学家发现，一个人的心理畸变取决于在爱和占有之间作出的选择。孩子的本能就像章鱼的触角一样伸展出去，抓住他急不可耐想要得到的东西。这种占有欲使他牢牢地抓住东西，然后像保护自己的生命一样保卫它们。孩子如果没有找到适合他发展的精神动力，就会被物质彻底吸引，并渴望拥有它们。孩子的心理就这样被扭曲了。

　　一些性格内向的孩子可能也会把注意力转向毫无价值的东西，只是他们的占有方式与性格外向的孩子有所不同。他们不会跟其他孩子去争一些什么东西，而是喜欢积累并隐藏东西，所以，他们口袋里经常会装一些随意拿来的糖果或者小玩具。

　　作为父母千万不要认为这是孩子的本性，从而忽视孩子的这种病态心理。孩子身上之所以会有这种情况发生，是因为孩子内心的自然能量被转移了。父母应尽量不要让孩子依附于某种东西，孩子一旦变得贪婪和自私，就很容易丧失自我，成为物质的奴隶。

5 自卑感——不够自信的孩子

大多数孩子一直处于大人的控制和压制之下,其潜能没能得到挖掘。如此,孩子感觉自己一事无成,他们的自卑感也就慢慢产生了。

✤✤✤✤✤✤✤✤✤✤✤✤✤✤✤

在"儿童之家"曾经发生这样一件事:

一个孩子正在用字母玩具拼字。这时,意大利皇后来到他面前,要求他拼出"意大利万岁"这几个字。但这个孩子像没听到皇后的话一样,仍然很平静地忙活自己手中的工作。

当时,老师们都希望孩子能暂时停下手头的工作,去执行皇后的命令。然而,孩子并没对皇后的命令立刻作出响应。

可是又过了一段时间之后,奇迹发生了!只见孩子在完成手头的事情后,把字母玩具放回纸盒,然后又从容地拿出字母拼写出了"意大利万岁"这几个字。此时,这个小家伙只有3岁多。但事实上,他在控制自己的行为和情感,以及对周围环境的自信方面,已经像个小大人了!

的确,孩子并不像我们想象的那样无能,他们完全可以支配自己的行动和情感,可以做出许多超出我们意料的事情。但是,像例子中这样幸运的孩子又有多少呢?大多数孩子一直处于大人的控制和压制之下,其潜能没能得到挖掘,他们不能自由支配自己的行动和情感,也渐渐失去一些出人意料的能力。

在大人打击压制的阴影下,孩子感觉自己一事无成,他们的自卑感也就慢慢产生了。

经过长时间的观察研究,我们还发现这样一个结果:父母在对孩子成长中取得的进步虽然会表示出喜爱,但相应地也会表现出不信任。他们不相信孩子能把事情做好,正如上面案例中那个皇后不相信小孩能拼写出"意大利万岁"这几个字一样。

再举一个比较通俗的例子。

比如,一个家长看见孩子手里端着一杯水,虽然他希望孩子能够自己完成这个动作,但心里还是担心孩子会被烫着或者摔破杯子,然后他就狠心地从孩子手里夺走杯子。

当大人这样做的时候,或许并不觉得有什么,但孩子心中无疑就会产生一种挫折感,他会认为自己是个无能的人。他会认为自己在大人眼里,连一个杯子都不如。

我们要允许孩子按照自己的方式去锻炼自己

为了避免孩子产生这种自卑感,我们就要努力改变自己的想法,不仅要承认孩子的能力,更要允许他们按照自己的方式去锻炼自己,鼓励孩子使用更合理的方式发展自己的潜能,不要总是站在自己的角度考虑问题。比如说:当孩子做游戏的时候,不要粗暴地打断他;不要人为地给孩子制订一些活动计划;不要一到了散步时间就不由分说地强行拉着孩子出门,不理会孩子的意愿。

孩子不是大人的影子，他们也有自己的做事原则和风格，作为大人一定要尊重他们的意愿。因为成人如果不尊重孩子的需要，像一头莽撞的野牛一样闯入孩子的生活，就会打乱孩子内心的秩序，大大损害孩子的自信心，让他觉得自己所做的一切都是毫无意义的。

在成人的交往中，如果我们突然打断一个人的谈话，就会说声"对不起"或者"希望你不要介意"之类的话，然而当我们打断孩子的工作时，却常常感觉理所当然，一点儿都不感到内疚。

这也很容易让孩子产生这样的感觉：自己跟别人不一样，自己没有地位，不受尊重，是没有价值的，自己所要做的一切就是服从，无条件地服从成人。

一个人自卑的最大根源是他自己没能力做好某事。打个比方，如果让一个残疾的人必须跟一个完全健康的人赛跑，那么，他的心里一定不会希望进行这场比赛。一个普通人也不会愿意跟职业拳击手对决。因为在比赛之前，他的心里已经产生了一种不能获胜的感觉，导致他丧失了比赛的勇气和信心。

成人对孩子不断地轻视，也会产生相同的效果。孩子会感到自己软弱，觉得自己没有能力做好某些事情，从而压抑了行动的欲望。

"你不能做那件事，对你而言，尝试做一下毫无意义。""你这个傻瓜，你在做什么呢？你难道不知道你不能做那件事吗？"这样的语言不仅会阻碍孩子的工作，打断孩子行为的连续性，还是对孩子的一种侮辱。

如果我们的孩子总是没有勇气去做某事，那么作为父母，就应该在自己身上检讨了，也许正是因为父母不经意的话影响了孩

子。父母自以为对孩子好的行为,很可能已经破坏了孩子自我成长的内部规律,催动了孩子内心自卑感的萌芽,进而让他觉得自己是笨拙和无能的,直至这种自卑感越来越重。这种成长中的障碍就会深深影响孩子的心理,他总觉得自己无能或者比别人差。

此外,自卑感还会导致更多痛苦:胆怯、迟疑不定、面临困难退缩、经常流泪、绝望,等等。

既然如此,作为父母如何避免让孩子产生自卑感呢?那就是多给予孩子肯定和鼓励,让孩子感觉自己就是自己行为的主人。

这样,他的心中就会没有自卑感,敢于尝试一切力所能及的活动,几乎每天都充满激情地去做手中的工作,发展自己虽然稚嫩却生机勃勃的心智。一个心理健康的孩子最显著的特征之一,就是对自己的行为有把握,并充满自信。即使父母和老师不在身边,他们也一样忙于自己手中的工作,让内在的完美个性得以充分表现。

6 恐惧感——胆子小的孩子

> 恐惧症状特别容易出现在对父母特别有依赖性的孩子身上，这些依赖性很强的孩子经常会莫名其妙地感到恐惧。

✢✢✢✢✢✢✢✢✢✢✢✢✢✢

在我们身边，有这样一些孩子：他们可能非常害怕穿过马路，或者担心自己的小床下藏有猫咪，也有一些孩子一看到毛绒绒的小鸡就吓得乱叫。孩子们这些恐慌的表现，非常类似于心理学家发现的病态恐惧症状。

这种症状特别容易出现在对父母特别有依赖性的孩子身上，这些依赖性很强的孩子经常会莫名其妙地感到恐惧。在他们早期的成长过程中，我们可以找到他们恐惧的原因。比如，在孩子小的时候，父母常常利用孩子智力发育不成熟的弱点，用虚无的鬼怪恐吓他，以为这样就能让他服从自己。然而，我不得不说这真是父母用来对付孩子的手段中最糟糕的一种，因为它利用无处不在的恐怖形象，令孩子内心深处对黑暗天生的恐惧又强化了。

明白了这些，我们该如何做，才能消除孩子内心的恐惧感呢？我认为，最好的办法就是使孩子多接触现实物体，让他亲自体验和感受自己曾经十分恐怖的事物，经过多次重复接触，他最终将会发现，原来这些事物并不像他想象的那样可怕。如此一来，孩子内心的恐惧感自然也就消除了。

事实上，孩子们常常给自己设置一些危险。比如说，街上的流浪儿童经常会偷窃汽车里乘客的钱，农村的孩子会爬到树上或从陡坡上冲下来，淘气的孩子还跳进海里或河里自学游泳。

当然，还有一些孩子将正确的勇敢行为表现在无数次拯救他们的同伴中。

有一次，加利福尼亚一家儿童医院的盲童病房着火了，在这些孩子中，有一些是能看见东西的。虽然他们当时在着火大楼的另一边，但他们还是冲进大火中去救助其他盲童。

通过接触实际生活，许多孩子变得大胆而谨慎

通过接触实际生活，许多孩子开始变得大胆而谨慎，在各种情况下尽量做到避免危险。比如，他们会小心地使用厨房的刀，正确地用火柴点火，能够独自站在水池边而保持一个安全的距离，还会自己穿过马路。这些孩子已经学会了如何通过避免急躁心理来控制自己的行为，这使他们可以过一种更平静、更健康的生活。这就是现实生活赋予孩子的一种能力。

7 说谎——不诚实的孩子

谎言就像动物的毛皮或羽毛，隐藏了事实的真相，以及自己的真情实感。一个人正是凭着自身说谎的能力，才能生存在一个跟他自然情感不一致的世界中。孩子利用狡猾的说谎手段，巧妙地与成人周旋。

✤✤✤✤✤✤✤✤✤✤✤✤✤✤

说谎是最严重的缺点之一。

欺骗是一件隐蔽心灵的外套，甚至可以把它比作一个人的全部服装。各种各样的说谎，就像许许多多的伪装。每一种说谎都有其意义和重要性，有正常的谎言，其余则属于病态的。

由于孩子的纯洁心灵通常被视为真理的喉舌，因此，当人们发现孩子也在说谎之后，常常就会觉得不可理解，甚至会对孩子进行严厉的训斥。

一个3岁的女孩去朋友格利兹家玩，回家时手里多了一只玩具狗。她妈妈看见后就问她玩具狗是从哪里来的，她回答说是格利兹送给她的。然而，第二天，格利兹的妈妈就对小女孩的妈妈说，小格利兹正在到处寻找一只玩具狗，并问小女孩是否看到了。女孩妈妈立即就让女孩把玩具狗拿出来，送还给格利兹。事后，女孩的妈妈非常生气地责问她："你为什么撒谎？"

孩子为什么要说谎？回答这个问题其实并不容易。事实上，孩子说谎的原因是多种多样的，其中最重要的一条就是为了逃避惩罚，也就是出于一种自我保护的心理。心理学家分析表明，为

了避免惩罚而说谎是大多数孩子都会出现的情况。

然而，父母们只知道发现孩子撒谎后去批评孩子，却忘了这种谎言背后的原因——它们只是孩子面对成人巨大攻势下所做的自我保护。就像人们观察一棵枝繁叶茂的树，往往只看到了朝四面八方伸出的枝叶，却忽视了深埋在地下的根——撒谎的深层原因一样，我们只有在那里才能找到孩子说谎的秘密。

从这个意义上说，说谎也具有价值，说谎似乎是出于生存与适应的"自然能力"。大多数心理学的研究表明，父母惩罚得越严厉，孩子越可能说谎。因此，父母对孩子的严厉惩罚更可能造成说谎和欺骗行为。

无论如何，对孩子而言这种隐瞒真相的欺骗，大多是一种偏离正轨的恶习，父母应该对此加以重视。

当然，有些孩子还可能说一些跟自我防御无关的谎言。这样的谎言可能起源于孩子企图描述某种幻想的东西，还可能是对某些真实的东西添油加醋，尽管这种详细描述并不是为了个人利益或为说谎而说谎。就像一个演员能使自己深入到角色当中去一样，它采取了类似于艺术加工的形式。例如：

有一个孩子在学校告诉我，他的母亲会给她邀请的客人做调制的蔬菜汁，这种饮料不仅有益健康，而且美味可口，客人说他以前从未尝过如此好喝的东西。后来我请教这个孩子的母亲究竟是如何制作这种饮料的。但遗憾的是，她跟我说她从来没有做过这类东西。

这就是孩子在谎言中表现出想象力和创造力的实例，他除了编造故事之外没有任何其他意图。这些谎言不同于其他。

然而，有时候一个谎言也可能是巧妙推理的产物：

一个5岁的小男孩，被他的母亲临时寄托在一所寄宿性质的学校里。教师对这个孩子照顾得非常周到,但是校长非常严厉。隔了一段时间之后,小男孩开始向他的母亲抱怨教师太严厉了。于是他的母亲就到学校去了解情况,结果发现这位教师非常慈爱,对自己的孩子也非常照顾。

母亲就问自己的孩子为什么要撒谎。孩子说:"那我总不能说校长是坏人啊!"显然,孩子并不缺乏指责校长的勇气,而是不得不屈服于传统的势力。

在儿童适应环境方面所采取的狡诈手段的例子还可以举出很多,这并非罕见。

撒谎属于儿童期出现的一种智能现象,它随着孩子心理的不断成熟而变得条理化。心理分析学家认为,谎言就像动物的毛皮或羽毛,隐藏了事实的真相以及自己的真情实感。一个人正是凭

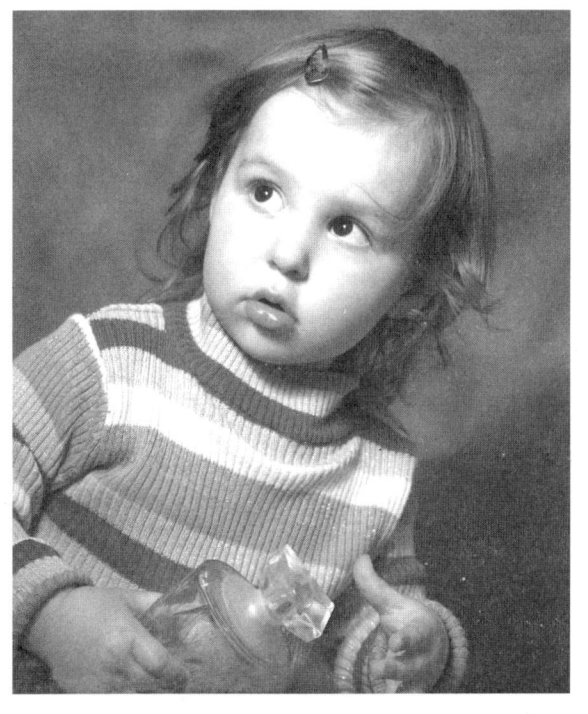

如果孩子说谎,父母最好针对问题核心来引导他

着自身说谎的能力，才能生存在一个跟他的自然情感不一致的世界中。孩子利用狡猾的说谎手段，巧妙地与成人周旋。

当发现孩子说谎时我们应该怎么办呢？

首先，父母应该明白，孩子说谎并不是什么罪大恶极的事情，很大程度上是一种逃避惩罚的"自然本能"。一旦孩子说谎，父母不要一味地抓住说谎事件不放，最好的做法就是针对问题核心来引导他，让他认识到错误并加以改正。

比如开头案例中那个偷拿玩具狗的小女孩，如果她的妈妈不是抓住"你为什么说谎"这个话题，而是引导她知道"随便拿别人东西是不对的"这一点来教育孩子，那么，孩子明白这个道理后，或许就会将此教训记得牢牢的。这样一来，她就无需再挖空心思编造谎言来掩饰什么了。

8 娇生惯养——富养的孩子

纠正富家子弟身上一些缺陷的关键，就是引导他们从专注自己感兴趣的工作开始，慢慢回归到一种正常的、有秩序的生活态势。

✤✤✤✤✤✤✤✤✤✤✤✤✤

富贵人家的孩子就像他们的父母一样，被优越的生活环境包围。正因为如此，他们所受到的娇生惯养就要比平常孩子高出数倍。

生活在这样特殊环境下的孩子，其身心发展会是怎样一种状况呢？

一位叫玛丽的美国教师曾写信跟我说："这些孩子总是从别人的手里抢东西，如果我拿某样东西给一个人看，其他人就会丢掉手中已有的东西围住我。当我讲解完一种物品时，他们又会全都为它争抢起来。这些孩子对各种各样的感官材料都不是真正感兴趣，对任何东西都毫不留恋，总是挑挑拣拣。教师给他们的每一样东西，他们连摸都不摸一下就会扔到一边。很多情况下，这些孩子的活动是毫无目的的，他们满屋乱跑，毫不在乎这样做会给别人带来影响。他们会故意碰撞桌子，掀翻椅子，踩在给他们提供的物品上……"

还有一位法国教师也曾在信中这样跟我说："我不得不承认我的教学活动十分失败。这些孩子最多只能在一项工作上集中精力几分钟的时间。他们经常像一群羊一样盲从。当一个孩子拿起一

件物品时,其余的人也会抢着要这样东西。有时他们甚至会在地板上打滚,弄翻椅子……"

两位老师说到的情况基本相同——虽然这些孩子在生活上很优越,但是,可惜的是,物质上的富裕带来了精神上的贫瘠。他们不会轻易被花园中的小径、美丽的花朵和清幽的环境所吸引。那些能够让贫穷孩子着迷的事物大多不能让他们感兴趣,他们也不会选择那些原本可以满足他们需要的物品。因此,他们的父母常常觉得力不从心。在生活当中,这些孩子往往表现得散漫无力、缺乏秩序,在这个世界上很难找到自己感兴趣的东西。

面对这种情况,我给她们提了一些有效的建议——让孩子回到正常的状态中去。两位教师按照我的建议实践了一段时间之后,发现孩子以上的不良习惯都有了好转。

让我们一起来看看两位老师是如何做的吧:

玛丽老师写信讲她的经验:"我曾经试图用学校里所有的物品去激发一个孩子的兴趣,却丝毫没见效果。但偶然一次,我给他看两种不同的颜色,他马上愉快地接受了。在一堂课的时间里,他就认识了五种颜色。在以后的几天里,他拿起了所有过去不曾在意的物品。

"有一个孩子最初只能持续很短时间的注意力,但他对一件复杂的计算工具感兴趣之后,就会完全摆脱以往的那种紊乱状态。整整一个星期,他不断地摆弄这个东西,并学会了如何数数和做简单的加法。然后,他又开始玩一些较简单的材料,就这样他渐渐对所有的物品都开始感兴趣了。"

那位法国老师在回信中这样说:"圣诞节过后,我的班级里发生了巨大的变化。一切都变得有秩序起来,其实我并没有插手做任何事情。这些孩子似乎完全被他们的工作吸引了,再也不像从前那么漫无目的地做事了。他们甚至会主动拿起以前让他们感到厌烦的物品。过去他们往往是只凭一时的冲动就去做一些事情，现在他们会把精力集中在一些艰难的任务上，并学会努力去克服困难。这些努力对他们的性格产生了直接的影响，他们成了自己的主人。就像一个4岁的小女孩——在以前这个小女孩只要端着水，哪怕只有半杯，都会把水洒出来。但是，在成功地完成了另一项她感兴趣的练习之后，她开始自如地给正在画水彩画的同学送水，而且一滴水也不再洒出来了。"

我认为，让孩子回到正常的生活状态中去，就是对他们这种特殊心理的最好疗法。

通过有秩序的工作训练，娇生惯养的孩子也能发挥内心的潜能

我们可以想象一下，在一般的家庭中，正常的孩子应该很早就能够学会克制自我，能够拥有独立的个人意识。他们不愿无所事事地到处乱跑，每天有秩序地进行一些活动才是他们所要做的最主要的事情。由此可见，对这些特殊孩子采取回归正常化的治疗，就有一种人性"皈依"的感觉。最开始对孩子进行纠正肯定会比较困难，但是一旦恢复到健康状态，孩子性格上的一切缺陷

都将会消失。

可以说，纠正富家子弟身上一些缺陷的关键，就是引导他们从专注自己感兴趣的工作开始，慢慢回归到一种正常的、有秩序的生活态势。一些爱捣蛋的富家孩子开始变得平静，有压抑感的孩子也重新获得活力。通过这种有秩序的工作训练，娇生惯养的孩子将能把内心的潜能发挥出来，并不断加以完善。